谢明谈古端砚

谢明 著 谢思恩 摄影

文物出版社

封面设计：张希广
责任印制：张道奇
责任编辑：许海意

图书在版编目（CIP）数据

谢明谈古端砚/谢明著；谢恩恩摄.—北京：文物出
版社，2009.1

ISBN 978-7-5010-2443-8

Ⅰ.谢… Ⅱ.①谢… ②谢… Ⅲ.①古砚—鉴赏—中国
②古砚－收藏－中国 Ⅳ.K875.4 G894

中国版本图书馆CIP数据核字（2008）第029426号

谢 明 谈 古 端 砚

谢明 著 谢恩恩 摄影

＊

文 物 出 版 社 出 版 发 行

北京市东直门内北小街2号楼

http://www.wenwu.com

E-mail: web@wenwu.com

北京燕泰美术制版印刷有限责任公司制版印刷

新 华 书 店 经 销

787 × 1092 1/16 印张：10.5

2009年1月第1版 2009年1月第1次印刷

ISBN 978-7-5010-2443-8 定价: 58.00 元

从作家、收藏家到古端砚鉴赏家

——序《谢明谈古端砚》

谢明先生是作家、中国文房四宝协会会员、著名的端砚理论家与古端砚鉴赏家。他走遍了肇庆的山山水水，考察了端砚的古今砚坑，拍摄了许多难得的砚坑资料，还收藏了许多古代名端砚，对端砚研究有很深的造诣，作出了重要贡献。

记得 2000 年初夏，中国第一个"端砚陈列馆"在肇庆市博物馆内落成，我应肇庆市委、市政府的邀请出席活动。看到展出的历代古端砚，得知这些古端砚均由谢明先生参与鉴定。谢明先生是博物馆古端砚鉴定研究顾问，这引起我对谢明先生极大的兴趣。

在肇庆考察端砚现坑时，天赐良机，有幸与谢明先生相识。考察期间，谢明先生热情洋溢地为我介绍了有关端砚与砚坑方面的情况，还将他拍摄的全部砚坑资料送给我。其中部分有代表性、价值较高的砚坑照片后来发表于《中国文房四宝》2001 年 1、2 期合刊。从他那里我学到了许多端砚知识，为我撰写《端砚考察记》打下了基础。谢明先生还请我欣赏了他的历代古端砚藏品，种类齐全，档次较高，而且每方古端砚都有一段故事。肇庆生、肇庆长的谢明先生对家乡充满了热爱，他利用肇庆得天独厚的条件，尽可能广泛地去收集各种形制、各种雕饰、各种流派的古端砚。他收藏了唐代以来历朝历代的古端砚。虽然有的磕碰损伤了边角，有的甚至已残缺不全，但只要能看清雕饰，看出砚形式样，对端砚研究有价值，他都予以收藏。他的收藏几乎囊括了端砚发展的各个时期各个品种，真是一个了不起的古端砚实物宝库。也正是这样一个宝库，为谢明先生系统深入的研究创造了条件。

谢明先生博览群书，文笔睿智，对端砚理解至深，对端砚的收藏与研究有着炽热的感情，写出了一篇篇端砚研究文章。多年来，谢明先生的古端砚研究文章，不断见诸《中国文物报》、《南方日报》、《羊城晚报》、《广州日报》、《西江日报》、《中国文房四宝》、《文物天地》、《收藏·拍卖》等几十家报刊。

与谢明先生交往愈久，就愈觉得他品位之高，内涵之深。他心地善良，聪明好学；饱读史书，以古鉴今；喜好文墨，写的一笔好字；个性倔犟，仁心义胆，常常语出惊人。谢明先生是国内屈指可数的古端砚研究专家与鉴赏家。由于他对中国端砚事业的突出贡献，2003 年 6 月中国文房四宝协会破格聘请他为高级顾问，2004 年初中国文房四宝协会又聘请他为古端砚专家。同年底，经肇庆市政府推荐，中国文房四宝协会为谢明先生颁发了"为中国端砚事业发展作出突出贡献"荣誉证书，进行了表彰。

现在，谢明先生将他多年的研究文章汇编成《谢明谈古端砚》一书出版。这是广大读者的福音。这些文章不仅仅铺就了他从一个作家、端砚收藏家，到成绩斐然的古端砚研究专家的坚实道路，更重要的是为广大端砚收藏者、研究者提供了珍贵的参考资料。

郭海棠

戊子年冬于北京

郭海棠女士：为中国文房四宝协会会长兼秘书长，《中国文房四宝》杂志社社长兼主编，国家级文房四宝专家。

目录

壹 市场 投资 取舍

稳中益旺有千年

端砚始于唐而盛于宋，以古称端州的肇庆产地为市场中心，历史上就有它自身的特点。宋明时期古董与文玩行业十分兴盛。四大名砚之首的端砚，观赏与实用价值并重，自然之就成了文人墨客和收藏家们追逐搜求的宝物。但整个端砚市场的走势，却并不似别的古董文玩那样大起大落。它以难采货少等特定原因，一直维持着比较平稳的市场状态，迄今也是如此。

20世纪80年代中期至90年代初，由于改革开放，市场经济的发展，端砚市场迅速复苏，并呈反弹式的红火。但一段时期后又渐趋平稳。目前，肇庆的端砚

1．唐代端溪子石三足涵星辟雍砚及砚背
直径25.3cm 前高4.8cm 后高6.2cm
该砚由整块天然端溪子石略雕而成。砚底前端着地，向后顺势雕作二圆足，表现出唐代箕形砚砚底前后构成三足鼎立的特征。砚身前窄后高，砚面略呈前窄后宽，及墨池深注等典型风格。正面面主雕辟雍形制之环渠，故应称为辟雍砚，半月形墨池二矗一石柱，此入宋后称为"涵星"，也曾见于唐代箕形等土泥砚等，于辟雍砚中极罕见。可视为唐后期演变中的砚艺风格。

2．五代端石平底风字砚
长17.7cm 前宽10.3cm 后宽12.2cm
砚面呈明显的箕样，但平底无足。此时期平底无足或抄手边墙足的箕样砚面更似一风字，故称之为风字砚。该砚池落潮处雕有一朵卷瓣绣球菊，此雕饰后来散见于宋明，而流行于明清。五代为推陈出新的孕育期，故而难得一见。此砚石与附图74同为"黑端"。

3. 北宋端石卵形砚
14.8cm × 10cm

市场是正常向前发展的，看似平常却保持稳定，于平稳中见旺气。2001年，中国嘉德一件清初端石井田砚以12万元成交。2005年，北京翰海一方康熙朝绿端石龙纹砚，成交价276万元。同年，当代端砚中国工艺美术大师黎铿的端溪老坑清风砚，成交价45万元，比起拍价高15万元。

（一）老坑最走俏

端砚中的紧俏品首推老坑（水岩）。老坑石材的质地高洁细润，为端砚众坑之冠。

与众坑均具多条石脉多个洞穴迥异的是，老坑自

4. 清早期老坑端石行旅小砚
13.6cm × 7.3cm

5. 明中后期端石行旅小砚
8.7cm × 5.2cm × 0.6cm
端溪老坑石（水岩，下同），石质高洁细润，石中隐现微尘青花。应是碎料薄片流入民间，被随形琢作葫芦状。砚首雕饰叶蔓，寓意"万代长青"。行旅小砚源于唐宋，历代皆有琢制。古端州及周边地区均有遗传。但老坑行旅砚宋元所传极罕，明代的可遇不可求，清代则稍为多见。

晚唐开采以来就只有一个洞穴，即只有一条可追踪开采的石脉，资源有限。老坑洞穴从斧柯山山脚延伸至西江河底，终年浸于水中，开采期只能在每年西江水退的12月至翌年四五月间西江水涨洞内积水，根本无法排干，便无法开采。别的坑种洞穴均在山上，虽有些洞内亦有水浸，但水量不多，排干水后亦可采石。特定的客观原因，使老坑的产出量非常有限，上品佳石更是少之又少，所以历史上老坑端砚的价格只升不降。1995年，由上海吴云轩拍出的一方清老坑大西洞雕莲花端砚，成交价为61000元，比普通坑种端砚价高出十倍丕多。当时，市场上普通一方10英寸老坑端砚价格在5000元人民币左右，如砚中天然生长有名贵的石品鱼脑冻、青花、冰纹、石眼等，则价格在8000到10000元不等。视石品花纹的多少、稀奇、完美等档次不一，而定价格之高低。如图6是一方6英寸的老坑端砚，如果它仅是石质较好别无石品花纹，价格一般在700元左右。但其砚面满布奇特的金线纹，状如秋风中的竹叶，艺人因此在砚额浅雕了一丛竹，更彰显天工之妙，它的价格也因此上升至1200元左右。

如果砚面满布的是看似融化的白线，状如悬崖泻下的瀑布，那就是更名贵的冰纹，价格则要在1500元左右。如若再添一颗鸰鸽眼般明莹可爱的石眼，则价格还要升至2000元至3000元左右。而十年之后，价格定会五六倍地上扬，有些高档罕品甚至上涨十倍以上。由于老坑端砚货源紧缺，即使是档次低一些的也依然走俏，总体上是供不应求的。

(二) 坑仔麻坑亦热销

第二紧俏品是有"端砚第二名坑"之称的坑仔岩，和与之齐名的麻子坑，不但总体走俏，有珍罕石品花纹的高档佳石更为热销。如图7的11英寸坑仔岩天然七星砚，砚额上天然生长着七颗象牙色中有黑瞳、人称象牙眼的石眼。虽不是典型的北斗七星状，也有点近似，这就是难得的紧俏品。端砚鉴藏家历来很看重

6. 现代老坑端石天然
金线竹报平安砚
12.5cm × 9.7cm

7. 现代端石坑仔岩天然石
眼七星砚
20.6cm × 22.6cm

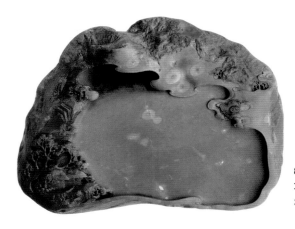

8. 现代端石麻子坑天然
石眼秋山砚
27cm × 18.5cm

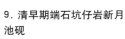

9. 清早期端石坑仔岩新月
池砚
9.9cm × 6.9cm

排星斗状的石眼,南宋赵希鹄《洞天清录》曾载:"有眼……或六七相连,排星斗异形。"明代高濂《遵生八笺》也载有"天成七星砚图",并注曰"此为黑青端石,上有七眼,列如七星"。故天然七颗石眼列如星斗的名坑端砚,一直都是收藏家苦心搜求的宠物。价格也自然不菲,约为普通坑种价的三至五倍。麻子坑同档次的也同价。其他的可以此类推。北京翰海1995年拍出的一方清中期随形真石眼平板坑仔端砚,成交价为22000元。现已升值五倍以上,但与普通坑种的价差比率基本不变。比较稳定，只是整体价格上扬而已。

（三）精工受追捧

对端砚的欣赏主要在两个方面：一是石质石品，一是构图设计与雕刻，即所谓做工。如果做工精妙的，可弥补石质石品的先天不足，甚至能化瑕疵为妙品。所以自宋代将端砚的实用与观赏两方面功能有意识地结合起来之后，人们对端砚的做工就十分注重追求其艺术价值。今天由于书写工具的演变，砚台的磨墨功用已基本消退，却日益成为收藏投资的文玩艺术

10．端石山村雨霁砚（刘演良作品）

21cm × 19cm

该砚原石璞中有一弯"黄龙"石纹，自宋至清的砚学家均视为石病。但刘先生以超人的艺术眼光，直用此黄龙于砚堂，使其横空隐现以成优美彩虹。再以石上浑似空蒙雨气之散碎蕉叶白鱼脑冻与金银线原石皮等天然石品，因石构图而成骤雨初歇的山村一景，令人顿生化境之感！

11．端石秋月皎皎对诗联大砚（梁弘健作品）

98cm × 70cm × 8cm

梁弘健先生，是融贯中西美术的有识之士，成功地将百艺美术一些表现手法运用到端砚的雕刻中去。该砚雕作品既有深厚的中华古文化底蕴，又有欧美现代美术的前沿探索，既可看到自顾二娘、陈端友砚雕艺术一脉相承的遗风，又可依稀窥见梵高、毕加索的影子。中西合璧，广受赞誉。该砚曾获首届中国工艺美术大师精品博览会银奖。

12. 绿端石花好月圆砚(张庆明作品)

32cm × 23cm

端砚中,字刻自清末以来一直是弱项,人物雕刻在古端砚中一直也是弱项,而女性人物更是空白。张先生以其卓识的眼光、独到的技法使这些弱项成为此端砚的艺术光芒,字刻与绘画绝妙相融。该砚曾获第三届中国工艺美术大师作品暨国际艺术精品博览会金奖。

品,其做工水平的高低,往往是决定其市场价格高低的主要因素。不但是同一档次的石材如此,即使是低档次的石材,如果它的做工水平是高超精绝的,也必定比高档次石材的价格要高。端砚市场也由此形成了追求名家高手的一种趋势。

如北京翰海拍出的清康熙顾二娘筥箩纹端砚,工艺精绝,顾二娘为名冠古今的砚雕大师,其作品成交价自然是同时代同砚材普通端砚六七倍,乃至十倍以上。

如图12的绿端石花好月圆砚,砚雕作者是被誉为岭南一绝的中国工艺美术大师张庆明,他的砚雕绝活是书画相融、共臻其妙,以精工取胜。其作品进入市

13. 清代端石宋坑"太师少师"砚

20.9cm × 14.1cm

14. 宋末元初端石"三足风字"砚(蔡柳坚藏品)

29cm × 18.5cm

场后，十分畅销，成为海内外端砚收藏家的新宠。

总之，工艺精巧的端砚一直是市场的宠儿。且不说古今名家高手的作品已很难在市场上找到，即使是普通艺人的作品，只要做工精妙也不愁销售，且价格十分稳定。

（四）稀奇与紧缺为贵

第四类紧俏品是资源已紧缺或行将枯竭的坑种。如北岭的梅花坑与绿端，端溪水畔的朝天岩、绿端、古塔岩、冚罗蕉等（参看附辑），上世纪80年代后期已基本停采，目前偶然见到的只是以前的遗留，而价格也成倍地上扬了。若是古代绝产坑种的遗砚，则价格更贵。如明宣德年间开坑而清早期绝产的宣德岩坑，其砚价等同坑仔岩与麻子坑，个别精品罕品甚至直追老坑。

端砚的稀奇品是指奇特的天然形状与花纹。这在古端砚中较为少见，这是与古人对端砚的审美要求密

15. 清早期端石宣德岩蕉叶纹砚
13.9cm × 9cm

16. 现代绿端石天然寿桃砚
27.5cm × 16cm

切相关的。在当代，则普遍受到青睐，价格也不断攀升。如图16的11英寸绿端天然寿桃砚。如果是人工雕琢的寿桃形制，则毫不足道，是庸工俗匠也能为之的事。但这方寿桃砚完全出自天然，通体包裹着独立的石皮，连桃身下尖旁的凹窝也披着石皮，呈现出一个天然蟠桃的生动姿态。本来艺人不应把桃额一侧的石皮去掉而雕上一只蝠鼠，去凑成民俗文化喜闻乐见的吉祥"福寿"，如果只琢中间一个墨堂，保留四周黄褐石皮，存其天工造化完整的仿佛已熟透的蟠桃，那就更显魅力了。石皮在当今端砚砚雕艺术中，已成为一种新的受到人们喜爱的石品：它不仅仅是石质精粗之间的分层皮表，更多是同质砚材石层内裂隙间隔表皮。它并不意味着比不带石皮的质粗，有时恰好相反。由于新采石材附有石皮的不多，经过选料制作能用得上的石皮更不多，所以在同质量的当代端砚作品中，利用石皮俏色巧雕而凸显天工之妙的，其艺术价值和经济价值都比不带石皮的要高。如该砚，其市场价是不带石皮的两倍左右。越是天然奇特难觅的，其价格也越高。

玩赏端砚奇异的天然花纹，与玩赏奇特石材形状一样，有点像玩赏奇石。只是在它的个体中必须琢制出墨堂和墨池，即使是砚面如平板一块不分墨堂墨池

17. 现代端石宋坑天然火捺对砚

27.6cm × 29.2cm

的平板砚，也能体现出它的磨墨功能，否则它就不是砚台，而纯属奇石了。如图17，是由两方11英寸对称火捺纹宋坑平板砚组成的对砚，砚面上的条状火捺纹疏密有致，如彩虹彩带。难得的是火捺纹色彩深厚透入石肌，使原石能够一剖为二，成为花纹对称的对砚。这比一般团状和条状的火捺纹更具观赏性，物以稀为贵，也更具经济价值。目前，这方宋坑对砚的市场价约为普通宋坑砚两倍以上。但是，无论奇特形状或奇异花纹，在端砚石材中都并不常见。也许正是上述诸项因素，共同维护着端砚市场特定的"稳中益旺"的现状。

古端砚投资的价格评估

古端砚的收藏投资，与其他古董文玩一样，价格评估的主要依据，是其历史价值和艺术价值。但古端砚也有其特殊之处，即坑种材质与石品花纹要摆在首位。综合起来，有四大因素，分述如下。

18. 北宋端石钟形陪葬砚
12.8cm × 7.9cm

19. 北宋端石钟形传世砚
14.1cm × 8.9cm

18、19两方虽同为北宋的端石钟形砚，但综合分析评估，其价值前轻后重，有天壤之别。

20. 清中期端石麻子坑圆月池砚
10.7cm × 7cm

21. 明代白端石辟雍砚
直径21.8cm 厚3.9cm

（一）坑种材质价值

　　端砚历代坑种皆有兴废。清嘉道时期，坑种"不下七十种"（清何传瑶《宝砚堂砚辨》）。但迄今可考、并可采集石样标本以作鉴别的，有老坑（也称水岩）、坑仔岩、麻子坑、宋坑、典水梅花坑、北岭梅花坑、端溪绿端、北岭绿端、古塔岩、朝天岩、宀罗蕉、宣德岩、白线岩、小湘坑、旧苏坑、七星岩白端等，这与遗留下来的古端砚坑种材质基本吻合。尽管何传瑶说当时坑种达70之多，然其《宝砚堂砚辨》记载也只32种。能够留传下来的都是珍贵的名坑，但其间的品位与价格亦有差距。如开采于唐代中后期的最著名的老坑，石质特别高洁细润，却量少难采，极为珍贵，且属官方皇岩，明清五百多年间有记载的开采不足20次。又因坑洞深延河底终年积水，古人采石只先趁旱冬汲水两月余，采石时间也只有三月余。河水春汛一至，洞内水满再无法汲干去采凿，故所获极有限。其所成"去尽包络精美者仅掌许，欲求盈尺完璧之品绝不可得，即五六寸者亦千百片中一二片耳"（清孙森《砚辨》）。故古端砚中的老坑实属凤毛麟角，历代价格也只升不降居高不下，一般都是坑仔岩与麻子坑的十倍

22. 清早期端石宋坑太极图砚
27.4cm × 22.4cm

以上。而坑仔岩与麻子坑又是其他各坑的五倍以上。已绝产的坑种也价格不菲，如宣德岩坑，等同于坑仔岩与麻子坑，有时甚至略高一点。如附图22，为明末清初宋坑13英寸太极图大端砚；附图23，为同时期宣德岩3英寸半小端砚，虽然块头上宋坑大砚是宣德岩小砚的数倍，但价格上宣德岩小砚却是宋坑大砚的数倍。

23.明代端石宣德岩夔龙小砚
9.7cm × 5.9cm

（二）石品花纹价值

　　端砚问世之初，即以其砚石中天然的多姿多彩的绚丽石品花纹倾倒了世人。我国第一首赞美端砚的诗歌、唐代著名诗人李贺的《青花紫石砚歌》，仅标题就已点出了"青花"这一端砚的珍罕石品。有趣的是，端砚的珍罕石品几乎全部集中于老坑、坑仔岩、麻子坑三大名坑上。除青花之外，还有鸲鹆眼、冰纹、鱼脑冻、蕉叶白、天青、金银线等。其中青花又分微尘青花、鹅毛绒青花、雨淋墙青花等

24.现代端石坑仔岩鸲鹆眼"明月当空砚"
23.1cm × 2.3cm
砚面上的天然石眼形似鸲鹆之眼，形圆饱满，瞳子分明，翠黄相间，晕作10层，直径1.9厘米，十分珍罕名贵。大石眼之下尚有晕作五层的小石眼，旁有翡翠斑，砚堂下半部满布微尘青花。

25　现代端石老坑鸲鹆眼"喜上眉梢"砚
14.1cm × 7cm
该砚额上的天然椭圆石眼亦如鸲鹆之眼，且眼高而活，黑睛朗朗，碧晕重重，直径近2厘米，于老坑砚石十分珍罕名贵。大石眼之下亦有小石眼。砚堂斜贯胭脂火捺，散布蘋藻青花。

26. 现代端石老坑冰纹冻"松涧砚"及砚背

19cm × 11.9cm

此砚面背天然密布如春天冰河化冻般的裂融线，谓之冰纹。冰纹密集处形成的如雾如纱白蒙弥漫的感觉，是为冰纹冻。仅见于老坑，极为珍罕。该砚冰纹中还夹有艳丽之金线纹、翡翠斑、鱼脑碎冰、微尘青花。

27. 现代端石老坑平板随形砚（龙金和藏品）

20cm × 13cm

该砚两面均生长天然冰纹、金银线等珍罕石品。特别是金银线纹，姿态婀娜，色彩鲜阳而优雅。

等，鸲鹆眼之外也有鹦哥眼、雄鸡眼、象牙眼等等，在此仅略说其贵者。青花以微细如尘若隐若现者为贵，鸲鹆眼以形圆色碧晕多瞳清者为贵，冰纹如春天冰河化解融线似蛛丝者为贵，鱼脑冻如白色云团或水中月影者为贵，蕉叶白如蕉叶沾霜一片娇白者为贵，天青如秋雨乍晴之蔚蓝天幕者为贵，金银线以色泽鲜活姿态优美者为贵。另还有见于较多坑种的火捺，以紫红形如古铜钱者为贵；翡翠斑，以翠绿浓艳如真玉者为贵。其他如玉带、黄龙、麻雀斑、朱砂斑、虫蛀、玉点等等也都是石纹中的难得之品。许多古人所说的石疵，今人已逐渐视为难得的端砚特有的石品，其出现均可带来不同程度的增值。而名坑中珍罕石品的出现，其增值更是以原砚价的倍数计。

（三）历史价值

古端砚作为文物，亦遵循着历史年代长短与经济价值大小成正比。这是古玩市场的价值规律，也就是说，历史年代越久远的就越具经济价值，其价格也就越高。但古今端砚皆重石质坑种与天然的石品花纹。石质与石品的介入，使得古端砚价格的评估变得比较复杂和灵活。例如一方清末老坑大西洞

28. 宋末元初端石杂坑山崖砚
25cm × 15.7cm

29. 明代端石杂坑山崖砚
19.5cm × 13.8cm

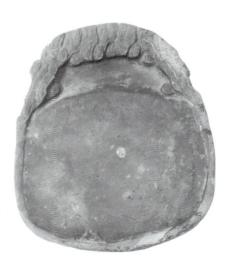

30. 清代端石杂坑山崖砚
19.7cm × 15.1cm

28、29、30三方均为端溪水畔斧柯山杂坑端石山崖砚。材质、题材基本相同，刀工技法也相差无远，却分属不同的三个时代，以其年代久远的历史价值为重。

端砚，要比明代甚至元代一方普通坑种端砚价高；如果该方老坑大西洞端砚上有鸲鹆眼、青花、冰纹、鱼脑冻等，更要比有"周鼎宋砚"之誉的宋代普通坑种端砚值钱。一方琢制于明末清初，至今虽绝产、但坑洞尚存有史迹可查的宣德岩端砚，也比一方琢制于元代、但难断坑种无法采样进行鉴别的杂坑端砚，价格也要高出许多。如此等等，说明古端砚只能在坑种石质、石品花纹甚至雕工铭刻等处于同档次水平时，其历史价值的对比才有意义。

（四）艺术价值

端砚无论古今，其艺术价值均体现在构图设计与刀法琢工之上，即一方砚台的整体砚雕技艺。技艺精绝的，可以化石材上的瑕疵为妙品，弥补石质石品的先天不足，故有雕技越精妙价格就越高的规律。不但是同一历史年代同一档次坑种石材如此，即使是年代稍逊一些，即使是坑种石材档次稍低一些，只要是匠心独运，能因石构图因材施艺，立意高远曼妙，题材新颖独到，各种刀法巧夺天工，其经济价值也随艺术价值水涨船高。但端砚毕竟有其

31. 端石"七星迎珠"砚（黎铿作品）

56cm × 43cm

该砚于1997年为肇庆市庆祝香港回归祖国赠送香港特区政府的纪念品。大师以硕圆的砚堂象征香港这颗东方明珠，砚堂两侧九条腾龙于祥云中喜托明珠，寓意香港回归祖国后更加繁荣，如龙腾飞。砚中之七星岩、五龙亭、牌坊等，则象征历史文化名城肇庆市。以九条腾龙之"九"，七星岩之"七"，亦寓意香港回归祖国的"97"这个令世界瞩目的年份。整方砚台匠心独运，大气磅礴，功夫老到，炉火纯青。

32. 明代端石寿桃砚

14.2cm × 9.3cm

33. 清代端石寿桃砚

13.3cm × 11.1cm

32、33 两方皆为寿桃砚，清代的虽然在历史年代上迟于明代的，但无论在构图设计和刀法雕工上，清代的比明代的更富于艺术价值。

34. 现代端石坑仔岩寿桃砚（许建强藏品）

35cm × 23cm

该砚所雕与上两方同为寿桃.但采用了现代雕塑美术的一些长处与技巧，既逼真又变形（墨堂寿桃与众桃之反差），既写实自然又不忘传统文化（点缀福鼠），艺术价值并不逊于上述清代寿桃砚。制作者为肇庆市制砚名师莫汉东。

特殊性，当遇到一方清代不作任何雕饰的、仅为平板一块的老坑大西洞平板端砚，如石品珍罕花纹十分优美，则其经济价值要比同是清代最精雕细琢的端砚都要高。再比如明清遗传下来的，石色皎洁如玉的白端砚，其硬度比紫石端砚大（古人用以磨朱砂等故也称朱砚），多见工艺简单粗疏。但因产自端州北郊著名的风景区七星岩，历代禁采岩石，故存世比较稀少。特别是其中玉屏岩所产上品白端，与老坑古端一样凤毛麟角，其价格也仅比老坑略低一点。而普通白端古砚，则等同坑仔岩与麻子坑砚价。

此外，古端砚价格的评估，还要受到名人铭刻、完整程度、同档次体积的大小等等因素的影响。我们进行投资收藏，勿忘其价格的特殊性和多样性。

在平凡古砚中"淘金"

古端砚收藏者收集藏品，除了在拍卖会上可常看到那些品相好的、工精艺巧、有铭刻有落款的之外，古玩档古玩摊等也是主要的寻宝地。这里常见的却是那些不起眼的、在昔日时光剥蚀损伤了的古端砚。然而，这些寻常古端砚，却是古端砚流传的主流，其中不乏罕品珍品，收藏者更应该于此寻珍觅宝，"捡漏"淘金，

35.宋代端石陪葬色沁砚及砚背

16.7cm × 10.9cm

该砚面砚背满布深浅不同的斑纹，深色乍看很容易被误认为是石品"火捺"。但仔细分辨，并没有火捺那种烙焦了的感觉，也无自石内生成的那种天然，而是从石表渗透进去的，一种流动液态的痕迹。结合砚表明显的黄铁锈和铜绿锈遗痕，应该是该砚曾入土陪葬，特殊的墓穴环境沉积泡浸使之受沁，在原本紫色石上形成了如此斑斓的沁色。与古玉色沁一样，这在古端砚中极其罕见。

36. 明代端石有眼长方砚

13.3cm × 8.6cm

该砚十分平凡，毫不引人注目，当其满身污垢躺在地摊上时，很难发觉墨堂上有一石眼，砚青还有条团状如浮云的黄白色鱼脑冻，略加清洗两者隐现，其价值当陡增数倍。

同样可以得到更大的收获和乐趣，并从中炼就一双"火眼金睛"。

（一）小石头为首选

当面对一堆或好几方寻常古端砚的时候，小块头的当在为首选。古人制作端砚对选料和凿坯制璞十分严格。特别是老坑（水岩）、坑仔、麻子坑这三大名坑。清乾隆初年任肇庆府知府时两度亲自监督开采老坑的吴绳年，在其砚著《端溪砚志》中曰："水岩（老坑）之石，欲其尽善尽美，洵如屈翁山所云：大不盈掌。景东旸亦云：石大至数尺，精美者仅掌许耳。"文中屈翁山即著名的屈大均，景东旸是康熙年

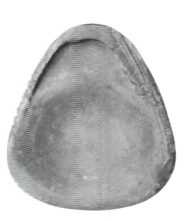

37．清中期端石坑仔岩"雨打芭蕉"小砚

9.2cm × 7.6cm

38．明中后期端石老坑茧形池小砚

7.7cm × 4.7cm

39. 清中期端石麻子坑方形小砚

8.6cm × 7.9cm

40. 清后期端石麻子坑瓜果小砚

11.6cm × 6.4cm

间任高要县（辖端溪砚山）知县时曾亲手指挥老坑开坑采石的景日眕。两人均为著名端砚学家。他们所述与遗传实物总体吻合。散落端州（今肇庆市）及岭南城乡的三大名坑遗砚，多见小于15厘米以下的小砚，大不盈掌。不仅是三大名坑，在如掌大小砚中还可寻到已绝产的宣德岩坑遗砚，以及一些石质上乘、坑口已湮没失传难辨坑种、然极有历史研究价值的古代遗砚，这些都颇具保值升值潜能。

（二）声沉色深为佳

在小砚作为首选的同时，还要十分注意古砚的石色。端砚石色大多为紫色，故端砚自古有"紫云"的美誉。但由于坑种材质的不同，端砚的石色又有淡紫、红紫、深紫、黑紫等等微妙的分别。一般说来，其紫色越浓越深越好，深浓紫色中带蓝黑更好。三大名坑的石色，以及宣德岩的石色，均属色调深紫且带蓝黑的一类。

小块头，色调深，还要拎起古砚以指头弹敲砚沿听一下石声。端砚三大名坑的石声比较暗沉，如弹敲湿木和泥瓦，而普通坑种的石声则较清脆，近似弹敲金属。当然，沉埋土中漫长岁月的陪葬砚，不论是何坑种，其石声均为暗沉。故上述方法也不能绝对化，还要结合不同坑种的天然石品花纹，以及不同时代的石质石色等进行综合分析。能如此，于平凡古砚中淘金则如探囊取

41. 现代端石老坑冰纹冻佛手砚（姚群干藏品）

23cm × 12cm

物。须知，端砚价差历代较为稳定。三大名坑中顶级珍贵的老坑，其价格是坑仔岩与麻子坑的十倍以上，而坑仔岩与麻子坑又五倍以上于其他各坑。老坑中的上品与普通坑种的下品之间，其价差则天壤之别矣。

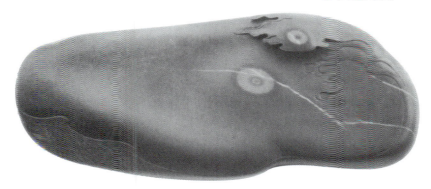

②．现代端石老坑鸲鹆眼"日月合璧"砚（陈金作品）

三大名坑无论古今，皆不广户沉色深、尤其是声汇的特点。宣德岩等其他名坑也近似。

并非"越古越值钱"

收藏投资古砚，也跟收藏投资其他古董一样，由于主要目的不是用作考古研究，其价值更会受微妙的市场供需关系影响，因而许多问题不能绝对化。譬如并非年代越久远越古老的就越值钱，雕工繁多甚至雕工精湛的也并非价值就越高。

一般说来，作为文物的古砚台，当然是历史时间长的比历史时间短的更值钱，更具经济价值。无论拍卖公司还是民间地摊，都遵循着这条大的价值规律，但这也有个大前提，就是古砚台的坑口石质、石品花纹、雕工铭刻等处于同类水平，否则，不能仅凭年代做价值比较。故此，也就出现了许多特殊性的价值现象。一方有名人题铭或佳人青泽的清砚，比没有此类遗痕的同档次石材的明砚、元砚甚至宋砚都要价高。诸如此类，都是古砚投资异常灵活的特征。

③．宋代端石小湘坑陪葬圆履砚

12.1cm × 6.8cm

古砚的工艺价值也如此。在同一历史年代和同一档次石材的基础上，工艺越精美的经济价值越高。但也同样是清砚，一方不事雕饰只做平板一块的端溪老坑大西洞平板砚，鸲鹆眼、青花、冰纹等兼备，其价值要比任何坑种的精雕细琢端砚都要高，甚至比同样是老坑大西洞却没有罕见石品花纹的精雕细琢砚都要高。再例如罕有的端砚形制砚山，历代皆少琢制，存世量极稀，这类作品虽然工艺粗拙一些，但也比同时代同类坑种普通形制的精工作品价要高，甚至要比上一时代同类坑种而雕工精美的普通砚式价要高。

所以，收藏投资古砚要审慎。它的市场价值不但受其历史价值和艺术价值的影响，还要受其特殊性即坑口石质、石品花纹，以及完整性、存世量、体积大小、题铭等多种因素的影响。只要细心体味，就能发现其中的微妙与乐趣了。

44. 明代端石宋坑单履砚
20.2cm × 12.4cm

45. 清代端石坑仔岩单履砚
16cm × 8cm
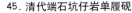
43、44、45以上三方是不同历史年代的端石单履砚，但并非越古越值钱。综合各方面分析，清代的经济价值为高，宋代的居次，明代的又次之。

古砚的残缺美与投资取舍

在投资收藏古砚的过程中，特别是在深入乡间、地摊、旧物市场寻宝觅宝的时候，我们往往会碰到一些因岁月漫长、辗转沉散而变得残缺不全甚至面目全非的古砚台。面对它们，我们常常扼腕叹息，心绪苍凉，却难于割舍。

其实文物残缺的现象，在海内外文物收藏中是常见的。最典型者当数法国罗浮宫珍藏的断臂维纳斯。国内某些著名的石雕佛像，也是缺头、断手、残足等。但残缺不全并不影响其光芒四射的艺术魅力，这些具有残缺美的文物，都赢得了世人一致的赞美与颂扬。古砚的残缺问题也如此，关键是留存下来的部分，是否存在艺术与工艺上的美感。正是这种美感令人久久不忍释手，隐隐予人感悟启迪，这就是古砚的残缺美，也就是其可取、可藏、可进行投资的原因所在。无比割舍之、弃之。

如图46，南宋时期的双池抄手端砚，左墙足大面积崩落残损，墨堂与抄手处也有大块崩损伤痕，砚首四角亦均有不同程度的碰崩伤残。但整个砚形轮廓基本完好，砚额双墨池除土蚀水浸的表皮风化剥落外，形态也基本完整，造型不同的两墨池也清晰可辨。这就存留了该砚中最菁华、最富于艺术特色的部位，一瞥之间，旷古而迷人！

46. 南宋端石残缺双池抄手砚
25.6cm × 14.4cm

47. 元代端石残损辟雍砚
直径 25.7cm

48. 清代端石残损"鼠娘教子"砚
12.3cm × 10.9cm
该砚额之砚缘全部崩损被稍作磨平，但砚额上之"鼠娘教子"高浮雕基本完好，构图生动，刀法老到。如此高浮雕在古端砚中并不多见，虽然残损，但仍较有收藏价值。

　　另外，我们还会遇到一些残缺不全的端砚，因留存了独特纹饰、独特形制或独特铭记等等，而有一定的收藏价值。若是留有闺阁芳踪、名人遗迹、史事影痕，就哪怕是残缺至一鳞半爪，亦不应错过，可大胆收藏。

　　目前残缺古砚多见于乡间旧物专业户、集市地摊。由于收藏古砚的人少，收藏残缺古砚的人更少，故砚价十分便宜。如上述端砚仅五百元左右就有交易。取其佳美者投资收藏，也许正是时候。

不必名坑话"古端"

最珍贵的端砚名坑有老坑、坑仔、麻子坑。流传下来的其他坑和也基本都是名坑，皆石质娇嫩滋润，优美高洁。收藏现代端砚时，是否出自于名坑是很重要的，但古端砚却不是非名坑不可。

麻子坑于清代乾隆年间一开坑采石。老坑和坑仔之名也在康熙之后才见诸著述。老坑另名"水岩"，始见于明末。宋代最早的端砚论著认为，端溪砚坑只分上、中、下岩，半边山岩和龙岩，而以"下岩第一"。于是清代以后的端砚学者，或以为老坑（水岩）即下岩，约开采于唐书；或以为坑仔即下岩，始采于明万历二十八年。加上古端砚经数百年甚至上千年的岁月剥蚀，已较难辨别原坑种的石色品质和石声特征。即便是同一个现坑，不同时代开采的石料，其石质、石色和石品花纹的特征也不尽相同。所以，无论是海外著名的古玩拍卖行，还是我国的古玩拍卖公司，古端砚旧品一般只作性质和年代的鉴别，

49. 元代端石云龙蛟龙砚
12.3cm × 8.3cm
此为现今境内砚石标本无法鉴别的已湮没失传的杂坑，但元端砚遗存较稀，该砚虽为杂坑，主人也修补过墨堂，然亦正因如此，自有其独特的收藏价值。

50. 清代端石宋坑"垄上小憩"砚

18.4cm × 13cm

宋坑自北宋至清已历六七百年的开采，无论出土的还是传世的遗砚均较多，在古端砚中占了很大的比重。于名坑佳石迭出的清代，宋坑已难称上乘的石材。但该砚是将清早期的砚体，于清末改雕而成的，笔者取名"垄上小憩"意境深远，用刀简洁，很具艺术感染力。对艺术价值较高的砚雕，不必细论其石材是否名坑。

而不作坑种的鉴别；并以雕饰或刻铭来命名，如"清初端石刻花鸟纹砚"、"明端砚金家刻铭"等，仍是避免扯上坑种坑口。我们收藏古董端砚也要借鉴这一方法。

首先从一方端砚的造型、纹饰、雕工、风格、使用痕迹、岁月剥蚀、刻铭题诗和落款纪年等等方面，综合考察和判断是不是真正古旧的东西。就算是真正的古旧端砚，也不一定有很高的收藏价值，还要视其是否具备稀有性。

稀有性首先是指珍稀的石品。如石眼中的鸲鹆眼、青花中的微尘青花、冰纹中的冰纹冻、火捺中的猪肝冻以及蕉叶白和鱼脑冻等。其次是指存世量的稀少，端砚已逾千年，能完整流传下来的唐宋端砚就少之又少。再就是指名人遗痕的稀有。历朝历代虽名人辈出，但在端砚上题铭赋诗或留下使用痕迹的名人端砚却并不多见。宋代大文人苏轼，也只是在他使用过的端砚上署名一"轼"字，现在已是国宝。还有就是工艺上的稀有，其中是琢砚名家的遗砚。但古代砚雕艺人极少在自己的产品上留名，只要功夫老到，刀法上乘，即可收藏。

一方古端砚很难都达到上述所有要求，具备其中一二项即有收藏价值了。

端砚的仿古与伪古

质量上乘、珍贵希见的端砚，是收藏家梦寐以求的藏品。但一方端砚到手，首先要对它作个鉴别。即使不是古砚，同是"仿古"与"伪古"作品，也存在着个质量高低、价值高下的问题。

端砚仿古，是现代端砚艺人模拟古端砚生产出来的现代产品。它保留了古端砚中某些优秀的艺术形式，又融合了现代工艺的艺术风格，是端砚古今风格的有机组合。例如，肇庆市各端砚厂仍在不断生产的太史砚、兰亭砚、长方砚等传统端砚制品。其造型一直是按照宋代古端砚的模式，但已不拘泥于宋代的尺寸大小的规范了。在艺术风格上，体现的是融古今二艺于一体的特色。这种仿古端砚，历朝历代都有生产，现在仍是肇庆市端砚行业的重点产品之一。

端砚伪古，则是指以牟取暴利为目的而伪制的古端砚，即赝品。据笔者了解，这种伪古端砚在外省比较多，古玩市场中有相当比例的这类伪古端砚。所以，收藏古端砚，也和收藏其他古董一样，首先必须

51. 清端石康熙朝仿古抄手砚

17.4cm × 12.1cm

端石抄手砚自宋代创制以来，历代奉为经典且每有生产仿制，尤以清前中期最得其神韵。

52. 现代端石仿古之宋代蝉形砚

17.8cm × 9.7cm

宋代三足蝉形砚对藏家并不陌生。该砚之仿古无论在形制、纹样、造旧以及墨锈包浆，乍看皆十分到位。唯包浆干涩无光，似水浸而无水之陈渍，显尘封太过板滞而为破绽。但此砚不失为一方高水准之仿古砚作，为初玩古砚。收藏者不易辨识，于仿古砚中亦不多见。

解决辨伪问题。以当前古玩市场所见，伪古端砚多是伪作清代的形制、纹饰，或以新砚造旧混充，或以旧砚伪刻名人砚铭等。

伪古端砚的辨伪要点

总的说来，古端砚辨伪，可从三个方面着手。

（一）砚材石质辨伪

史料曾载，有极类似端溪砚石的"九溪漆溪石"和"辰沅州黑石"，宋代时曾被用于伪作端砚。清代恩平茶山石与云南姚安苴却砚石，亦有充作端砚和伪制古端砚的。还有以低档石质端砚，冒充高档石质端砚和伪作古端砚的。

（二）工艺风格辨伪

古端砚也和古陶瓷、古玉器一样，每一个时代都有其相对稳定的形制、纹饰、做工，从而形成区别于其他时代的工艺和艺术风格。或者在某个历史阶段，以某些阶层、某些人物、某些地方为中心，形成在同一时代大风格下的不同艺术流派。我国砚雕，自明清以来，就有文人派、吴门派、"广作"派、清宫造办处的"官作"派和海派等等，可据此具体分析和判断。

（三）历史遗痕辨伪

首先是岁月遗痕，如墨锈、包浆、土蚀、风化剥落、磕碰损伤等是否真实。如有砚铭、题记等人文遗痕，还要审其内容、措辞、书法、印章等，看其是否

与该历史人物的字迹、身份、个人风格以及时代风格相符，铭文与制作者年代是否一致等等。如此，一方端砚之真古或作古，即可了然于胸。

古端砚赏伪二列

（一）新砚新名造旧

这种做旧虽然石材是端砚，但整块都是伪古。造伪为吸引和迷惑收藏者，也使伪品具备一定的档次，往往挑选一些石品花纹特征明显的名坑石料琢制，如金银线漂亮的老坑、有眼的坑仔，火捺深重的宋坑，多眼的梅花坑等，其它端石也有采用。砚体多为随形，纹饰多见云龙、夔龙、蝙蝠、松鹤、寿字等，砚铭多抄袭名人名铭。

造旧方法主要是染墨、烟熏、茶浸、敲打，或丢在沟渠沙井里水里泡，但无论怎样造旧，人为的墨锈与包浆一经洗汰即露，人为的敲打损伤也极不自然，没有真古端砚那种历经岁月的风化感和沧桑感。铭文辨伪还要注意观察铭文的字迹是否似曾相识。笔者去年曾遇到多件铭文字迹相同，而署名不同的伪

53. 现代人工墨锈包浆伪古端砚及砚背

16.2cm × 10.3cm

此人工伪制的墨锈包浆比较高超，基本上造出了经久使用的墨垢沉积之厚重与光泽。但细看不自然，手感黏腻，没有岁月深远的陈旧沧桑感，是墨汁污泥烟熏火烤涂蜡而成。

造伪者为吸引买家和抬高砚价，往往采用一些石品花纹明显的石料，此为有天然真石眼的青柯东新麻坑。

54. 现代人工沤出的伪古端砚

20.6cm × 15.8cm

此为比较常见也比较低劣的伪古端砚,是墨汁污水沤出来的简单造伪。表面暗哑晦涩,连原来的石品花纹如该砚鹅眼睛之真石眼,也污损难辨,令人殊觉可惜。

55. 现代端石新砚新铭造旧(砚背)

18.5cm × 10.3cm

此"清古琴砚"背之五岳图款,惟妙惟肖几可乱真。但整方砚表干涩晦暗,没有长年生成的包浆皮壳,图款中亦可见现代机械之钻孔。

品,且铭文都同样地有草书和楷书,其中落款多是清代的名人,但经查核并非该名人的笔迹。此类伪品若采用老坑砚石制作,要价动辄在万元以上。

(二)伪制高古砚

这类作伪多采用低档的杂坑端砚石制作,如斧柯山东面山脚的沙浦古塔岩,即俗称猪嫲石的石料,这种石料色黑紫,质粗燥,有的专家认为它已失去端石的优点,不宜做砚。此类伪品不但石质低劣,做工也较差。奇怪的是,这类低档杂坑端砚石还多伪制隋唐之前北魏时期的四足方砚和长方形砚。造伪者根本不了解端砚的历史,端砚始于唐高祖李渊年间,所制伪品也根本不能与石雕砚台真品同日而语,收藏者只要看过北魏司马金龙墓出土的石雕四足方砚的图片,或稍熟悉北魏石雕风格,绝不会被迷惑。伪品多夸张地突出足部,砚壁四周以简单的线刻,钩出一些简单的卷草纹、夔龙纹、莲瓣纹,或加进一两个寿字,显得不伦不类,全没有真品通体浮雕繁密的乐舞、奇兽、力士、方龙等图案的高超艺术水平。

此类伪品要价不高,一般几百元至一千元不等。

56. 现代□□长方四足
伪高古端□及□□
26.8cm×15.6cm
该砚墨锈包装之伪制方
法如前，但已大部分脱
落而露生涯，且形制式
样与图绘属□不伦不
类。属臆想□□□拼凑之
作，不难□□

另外，还有按□普图片伪制的不成类型的散
件。如伪制□代□□□的龙虎斗砚、伪制明"宣德
内府宝藏"□荼□槽□砚、伪制清代的古琴砚等，
只要见过真品或真品图片，也不难辨伪。

古端□□的"假眼"

端砚自□自□东以来，一直排在我国四大名
砚之首，除了石质高洁、历寒不冰、贮水不耗、发
墨不损毫等□异功能外，还因为端砚石中有天然
形成的、独□的、多姿多彩的石品花纹。而绚丽逗
人的石眼，□□是最受人们喜爱的端砚石品。但石眼
在端砚石中□成并不多，更不要说那些十分珍罕
的"鸲鹆眼"、"鹦哥眼"了，次一等的"鸡眼"、"雀
眼"、"猫眼"、"象眼"也很是难得，就是低档的"翳
眼"、"瞎眼"、"泪眼"、"死眼"，在盛产它的梅花
坑和有眼宋□□蕉园□□中，也不是每一块端砚石上
都有。宋代李之彦在《砚谱》中论述砚石眼说："活
眼胜泪眼，泪眼胜死眼，死眼胜无眼。"端砚石从
来逢眼必贵，至今依旧。而且，石眼生于石层之中
没有规律可循，采石工开凿时不能发现，采成石璞
若非生于表层也很难发现，这就造成石眼无可避
免地损毁或丢弃。对石屑石碎中尚完整美观的石

57. 南宋端石□□石□砚
20.6cm×14□□m
该砚墨池上方□□□面的石
眼，为古人镶□的装□眼，
俗称假眼。□□□□某远
而风化剥蚀，□□上的瞳
子已模糊不清，□依然悬
朗如星，整□石□也□此
灿然醒目。

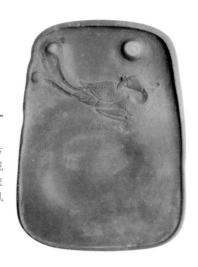

58. 清端石真假眼并存"丹凤朝阳砚"
19.5cm × 13cm
该砚首墨池右侧的"艳阳"石眼，为古
人镶嵌坑仔岩漂亮的较大石眼。而砚
体石质为北岭宋坑，砚首左侧两颗较
小的天然宋坑真石眼，巧作丹凤的凤
尾长羽翎斑，真乃奇思妙构。

眼，采石工和琢砚艺人都殊觉可惜，于是切割下
来，按构图设计镶嵌到没有石眼的砚石上去，这就
是所谓端砚的"假眼"。其实，准确地说，应该是
"装饰眼"，这也是端砚制作行业通用的术语。

端砚镶嵌"假眼"可追溯至宋代。南宋高宗
皇帝、赵构也是砚学高手，《赐曹勋札》中论述端
砚有"病眼假眼"之句。明末清初曹溶《砚录》，
也有"嵌眼割面"之语。由于镶嵌的"假眼"本
来就是异体的天然真眼，只是艺匠的移花接木而
已，如果出售时没有说清楚，容易引起"蒙欺"的
误会。当然也不排除故意将"假眼"说成真眼，以
抬高价格牟利的现象。镶嵌的"假眼"因此而往
往成了贬义，甚至"假眼"的艺术装饰功能、传
统的高超镶嵌工艺以及废物利用避免暴殄天物的
初衷，都被一概否定。如曹溶《砚录》就是以贬
损之意说到端砚的假眼的："嵌眼割面，蒙欺不
一。"这是很不客观的。事实上，如果一方端砚的
嵌眼运用得当，在艺术观赏上会起到画龙点睛的
作用。这在流传至今的嵌眼古端砚中，可以明显
感受到这一点。

"假眼"的鉴别

鉴别端砚上的"假眼"并不困难。若稍具端砚知识，仅凭石眼与砚身石材是否同属一坑种，就能看出个大概。如图58的"假眼"是名贵难得的又作"鸲鹆眼"的石眼，眼中碧绿棕黄形成多重彩晕，瞳子清晰，轮廓分明。此等高档石眼只出于三大名坑，即老坑、坑仔岩、麻子坑。这石眼色彩艳丽鲜亮，圆晕相重，是较典型的坑仔岩石眼的特征，非坑仔岩莫属。而砚身石质为土嘴宋坑，宋坑端石不出此类石眼，凭此即知是古人镶嵌上去的"假眼"。如果石眼与砚身石质同属一坑种，或收藏者不具备此类辨别知识，则可仔细检视石眼周围是否有镶嵌或粘工的接缝。古代端砚"假眼"为镶嵌式。如《石青笔者"似端石"之"晋玉兰堂砚"》(姑且勿论是否为唐)，其砚池所蠡石柱中空管，笔者认为是镶上"假眼"脱落所致，而非"水蛀痕而脱落者"也。现代的"假眼"多用万能胶粘贴。古人的镶嵌工艺精细而几无形迹，现代的胶水粗工接缝多粗糙。且不管精细与粗糙，在十倍以上的放大镜下均无所遁形，一目了然。而砚堂中真正的石眼，周围是找不到任何接缝的，是与整方砚石绝对一体的。

由于古代端砚艺人镶嵌装饰性"假眼"的技术本身，也属于应保护和传承的技艺类非物质文化遗产，一方同档次的古端砚有"假眼"要比没有"假眼"的，历史文化价值及经济价值都要高。如果镶嵌的是上品和完美的名坑石眼，且具有画龙点睛的艺术效果，其价值要更高一些，一般是原采价格的1.5～2倍。

59. 明代端石"群龙争珠"表石眼砚

31.2cm × 12.4cm

古人以石眼处于砚额之上的砚额为佳，称之为"高眼"。古人嵌眼以至作也多见于此，故遇之尤重小心鉴别。

60. 宋代端石眼毛已落遗痕砚

23.6cm × 12.4cm

此砚额上"祥云捧日"之太阳，原为嵌石眼以表现"日"之光辉。后至今桑已脱落，犹存嵌眼遗痕与端砚艺人之匠心。

61. 民国时期端石旧砚后刻铭砚砚背

16.3cm × 9.4cm

民国时期兵荒马乱动荡不安，砚雕工艺也粗糙仓促，砚表常见散乱刀痕，图饰马虎草率。该砚背铭文为后人所刻，刻痕与砚表皮壳不相融不一致。

62. 明代端石双鱼砚砚背现代伪刻铭

26.7cm × 14.9cm

伪古的旧砚后刻铭

造伪者将传世量较多的清代后期和民国时期的旧砚，加刻上明清时期的名堂、名款，来混充价格昂贵的古代名人题铭砚，这种做伪法叫做旧砚后刻铭。

但现在，有些造伪者担心名人字迹、印章容易查核，露出马脚，于是退而求其次，在伪铭时只刻一般历史人物的落款，或名人家属后裔的落款，或者干脆凭空捏造。此类后刻铭的伪品最具欺骗性，因为砚是旧的，无论怎么看都是旧东西，而且由于所仿者不是名人，真迹亦难寻，无以查对，当伪铭的内容、书法、印章与所摹历史人物的风格相近时，一般收藏者就很容易上当。

目前古董市场上，10英寸以下一方古代名人题铭砚，价格在5000至10000元不等，稍大的在万元以上；而一般古旧刻铭砚，价格在2000~5000元之间，仿伪者皆被利益驱动。

识别该类型伪品，笔者的经验是，在这些后刻的砚铭里可以发现古代所没有的简化字。如古代砚铭中常出现的赞颂端砚石质的"質"字，写作"质"则是现代的简化字（草书不在此论），就露出了马脚。还有"寶"字写作"宝"，"靈"字写作"灵"等等，在后刻铭的伪古端砚中都屡见不鲜。据此可基本上鉴定其为伪品。但这方面的辨伪，是收藏者容易忽略的。

对后刻铭的伪古端砚，还可仔细观察其字口切面：后刻的比较锐利，有造旧痕迹；原刻的字口比较光滑圆钝，岁月遗痕与砚体一致。

贰　珍司拱璧唐端砚

端砚产生的年代考证

端砚文化自其形成就不是地域性的，而是全国范围地兴起。我们探讨其诞生和发展，也要从全国范围的历史文化文献中去找寻，端州一地的史料所载不足其万一。

端砚诞生于何年何代？清嘉庆时砚学家计楠曾云："东坡云端溪石始出于唐武德之世。"这是较通行的说法。此外，还有许多不能忽视的观点。清乾隆钦定的著名的《西清砚谱》，卷七《石砚篇》篇首即赫然载有两方"质理紫润色类端石"的晋砚，并明确提出："端溪岩石，虽自唐著名，晋魏以前必已有取为

图3. 端溪与斧柯山（原亘上抑段）
亘古流淌的端溪。岸边青翠的斧柯山。此为端砚的发祥其。

硯材者。"其中一方实物现存台湾故宫博物院。古人还记载了有端石之疑的晋代书圣王羲之的凤池紫石砚，记载了明确定为端石的唐初许敬宗遗砚等。古人的许多记载，已为现代考古学所证实。1952年湖南长沙705墓出土的唐代端石箕形砚，1958年南昌唐墓出土的椭圆形端砚，1965年广州动物园工地唐墓出土的唐代端石箕形砚等等，使端砚至晚始于唐代已成为不争的事实，端砚也由此拥有至少一千三百多年的历史。

其实，仅从文献资料，即可知唐代端砚文化已相当发达。唐初褚遂良题端砚铭："润比德，式以方。"李贺的"端州石工巧如神，踏天磨刀割紫云"，刘禹锡的"端州石砚人间重"，陆龟蒙的"霞骨坚来玉自愁"等等赞誉之辞，至今仍脍炙人口。同时还出现了大批砚台收藏家鉴赏家，也十分看重端砚。大书法家柳公权又是大鉴藏家，他第一个论及了端砚的珍罕石品"鸲鹆眼"与"金线纹"："端州有溪曰端溪，其砚有赤白黄色点者谓之鸲鹆眼，或脉理黄者谓之金线纹。"并指出端砚上品"青紫色，可值千金"，其他各砚："皆不及端，而歆次之。"为端砚入宋稳居四大名砚之首，奠定了基调。

第一名坑老坑（水岩）

大量的砚著史志等文献记载，唐代端砚采石的名坑主要有两个：龙岩与下岩。

下岩，笔者认为就是现代人所说的老坑，亦称水岩。这是一个在学术上尚有争议的问题，有些复杂。清道光时吴兰修《端溪砚史》提出"水岩开于万历（明代）"，有少数学者也持此观点。但毕竟是少数，而且仅局限在学术的讨论争议上。端州土人无论古今，都不曾对端砚老坑开采于唐有过疑问。与吴兰修同时代的何传瑶，就不同意水岩开于万历的观点，《宝砚堂

64. 老坑旧洞口
始于唐代，采石已逾千年的老坑旧洞口。

砚辨》曰："会上水岩开于万历二十八年，则从前之说断难尽合于今石矣。明季迄今，人自为书，家自为说，非者是之 是者非之，无怪乎通志，讥其以耳为目也。"笔者认为此问题不难澄清，可以从三个方面去理解下岩即老坑、水岩的客观事实：一、古人所述下岩与水岩及老坑的地理位置是一致的，是为距西江河边最近的砚坑。二、古人所述下岩与水岩及老坑的坑洞、采石、石质等具体情况，也是基本一致的；三、下岩、水岩及老坑之名称，在端砚发展史中能形成一有机的紧密的连接。前两点，当代著名端砚学者刘演良先生在其《关于端溪下岩与水岩的争论》一文中，有详细的论述，在此不赘。第三点，笔者在此也仅略作简述如下：

"下岩"之名 最早见于北宋中期唐询的《砚录》："端州石出高要县斧柯山……凡取石有四：曰上岩、下岩、西坑、后砺。"其后米芾《砚史》、杜绾《云林石谱》、叶樾《端溪砚谱》、高似孙《砚笺》等等，均有"下岩"的记载。至南宋末赵希鹄《洞天清录》，还首次论及"下岩自唐及宋无新坑"，此"旧坑"可视为明

65. 老坑新洞口

20世纪80年代末建成的，有铁轨缆车的老坑运道新洞口。

66. 作者于老坑洞内之大西洞

大西洞与水归洞两洞工作面，
已于1989年底开始连成一片。

清之际出现的"老坑"前身。到明代后期，在屠隆、高濂、张应文等人砚论中，"旧坑"已专指下岩，成为下岩的代名词。如屠隆《考槃余事》："古端之旧坑下岩……磨之无声，贮水不耗，发墨而不坏笔，为希世之珍。"高濂《遵生八笺》："端溪有新旧坑之分，旧坑石色青黑，温润如玉。"此时"旧坑"一词已充满了"老坑"的意味。

明末清初，屈大均撰《广东新语》，首以"老坑"一词取代"旧坑"："唐宋古砚，大率老坑、新坑等十余种……水岩在老坑之内。"同期稍后高兆《端溪砚石考》亦载："下为水坑（水岩）……三洞……土人皆名曰老坑。"至此，"老坑"之名正式出现。有趣的是，"水岩"之名则比"老坑"出现早一些。略早于屈大均的曹溶，其成书也稍早的《砚录》，首现"水岩"一词："入水者为下岩"、"与水岩同祖"、"可与水坑作中弣"。这是下岩、水岩、水坑三名混用于同一砚坑的过渡期。比曹溶稍晚的朱彝尊，其《说砚》中的"水岩"所指则十分明晰了："唯水岩最上……得水岩而诸山之石可废。"再至屈大均《广东新语》，"水岩"则与大众化的土人所称"老坑"同时并用，逐渐完全取代了"下岩"、"旧坑"等名称，历经三百多年流传沿用至今。其历史名称演变的链接与脉络，是清楚而明晰的。之所以引起争议，是因为对历史文献的理解问题，不又有今人对古人文献的理解问题，还有古人对前代古人文献的理解，笔者将另文详述，在此不赘。

湮没的名古——龙岩

端砚自初唐开坑问世以来，历代坑口皆有兴废。如乾嘉时人朱东《砚小史》载"唐宋古砚坑共有十余品，最老者曰之岩，曰汲绠，曰黄圃。龙岩最佳。"成书于两宋之际的我国第一部端砚专著《端溪砚谱》述："自上岩转山之背曰龙岩，龙岩盖唐取砚之所，后下岩得石胜龙岩，而后不复取。"这"不复取"的真正原因，应该是龙岩已无产。笔者与刘演良先生等绝大多数学者研究认为，石之下岩即今之老坑（水岩），它不仅是唐宋时期端砚众坑之首，历一千多年至今仍是端砚第一名坑，为它坑所不及。但它并不影响其他端砚坑口的发现与开采。清道光年间肇庆高要人何传瑶，在其《宝砚堂砚辨》中说："端溪之老坑止一，而杂坑不下七十种。"这七十种的杂坑，都是在下岩开坑得石

67. 奔淘白菁溪

68.斧柯山崇山峻岭
流淌的端溪水畔，斧柯山的
崇山峻岭之间，是"唐贞观时
初取砚处"的龙岩所在。

之后，逐渐发现和发展起来的，故此时下岩已尊称为老坑。所以，可以肯定龙岩的不复取，绝不仅仅是石质不如下岩而被替代，而是可作砚材的资源已枯竭，即已经绝产。据清人孙森《砚辨》曰："龙岩，唐贞观时初取砚处。"可见龙岩开坑于唐初，而绝产约在下岩开坑之后的唐末或五代十国时期，前后开采约三百年左右。且未见在坑域之内追寻石脉开掘新洞采石的记载，故龙岩绝产是完全可信的。据此可以说，龙岩是端砚史上第一个有记载的绝产名坑。

但龙岩在斧柯山的准确坑址，笔者与刘演良先生都作过实地勘查，目前尚没有确凿资料证实具体的坑洞。由于坑洞未能确定，故也未能进行石质石品的标本取样。在历代遗留的端砚中，至今也未发现可以确证为龙岩砚材的有关资料，所以也未能对历代遗砚作龙岩砚材的鉴定。找出龙岩这个唐代最著名的端溪砚坑以及在古砚中科学鉴定龙岩端砚，这是端砚学界乃至中国砚学界必须继续努力的一个课题。

雄风大气的主流砚式

唐代端砚的形制，是与整个中国砚台的形制发展变化一脉相承的。石砚在唐代虽然不是中国砚台的主流，但诞生于唐代的端砚，却以其卓越的石质、工巧的形制、不凡的艺术，成为当时石砚的翘楚。从墓葬出土的砚式看，唐代端砚的常见砚式与别的砚种一样均为箕形。但据目前唐墓出土箕形砚，现藏广州文管会的广州动物园唐墓出土的端石箕形砚，与现藏山东博物馆的箕形红丝石砚和合肥文管处的箕形歙砚相比，端砚的箕形结构注重其中点、线、面的优化组合，更注重造型中的端正、均衡、对称与对比，从而更能体现大唐的雄风豪气。此砚式见载于宋人叶樾《端溪砚谱》，同时记载的还有"风字"式和"凤池"式："砚之形制……曰凤……曰风字……曰凤池……曰箕样。"故不少学者所说的箕形砚亦即凤池砚或风字砚的观点，是值得商榷和深入研究的。

唐代墓葬出土的端砚以箕形为主，但在流传民间和见诸文献的，还有其他多样的形制，比前代石砚大为进步了的。例如《西清砚谱》所载"唐观象端石砚"，现藏于台湾故宫博物院，为唐代新创制的八棱砚式，对后世颇具影响，至清代还成为端砚仿古的流行砚式。《西清砚谱》所载"唐褚遂良端溪石渠砚"为方形石渠砚式，砚底刻有褚遂良题铭，惜实物已不知流落何方。有日本砚学家认为，此石渠砚式与箕形砚式，是始于晋代而流行于唐的中国两大砚式流派。此论于端砚也基本正确。"石渠"作为一个流派的砚式应是广义的，以渠状现诸且绕砚堂为其特征，除"石渠"本身可有正方、长方形外，还应包含如环似璧的圆形辟雍砚式。故比类砚式无论或方或圆，端州土人皆统称为走水砚，以其砚堂四周有渠可走水，与箕形砚一样可

69.岭南出土唐代端石箕形砚的复制品（李志昐作品）

70．晚唐端石残损长方石渠砚

17.9cm × 11.9cm

此砚四面砚沿及墨池石柱已残缺，并被后人重凿，遗痕清晰可辨。该砚墨堂四侧内敛，平底，是为晚唐之物。

多贮墨之故。多贮墨，是以实用为主的唐代端砚的最主要功能。据此，笔者在端州城乡及周边地区搜集收藏古端砚中发现，石渠式唐代端砚虽然罕见，但还可碰到（当然有争议），或方或圆，甚至还有三足的辟雍砚（如后文附图74），带有明显的传世包浆与曾经入土的遗痕。而考古出土所见的箕形唐端砚，却至今还未发现。这也是一个值得探讨的问题。

简朴而有变的形制

除了箕形砚和石渠砚二大主流砚式，唐代端砚中引人注目的，还有现藏台湾故宫博物院、曾著录于《台湾故宫博物院藏砚》的"唐元结庸亭端砚"。此砚为长方形双池抄手式，可视为后来宋代抄手砚的雏形。有砚学家说抄手砚是由箕形砚演变而来的。据铭文内容可知此砚是唐代中期之物，此时箕形砚渐趋式微，衍生出能多贮墨的双池抄手砚式，应是可信的。在唐代名臣张九龄（略早于元结）墓中出土的箕形陶砚，就是双砚池的，双砚池的风格也与元结庸亭端砚基本一致。故此也可以相信"唐元结庸亭端砚"是真品。此形制端砚尽管十分稀少，但在端州及周边地区，还可以看到一些散落的类似品（附图71、72）。笔者也曾将其保守地鉴定为北宋遗砚，现在看来其唐代特征更为明显，将其定为唐代端砚或许更为准确。

71．唐代类"庸亭"端石双池抄手小砚
12.9cm × 5.8cm

72. 唐代类"席亭"端石抄手大砚
23.6cm × 12.9cm

唐代端砚打"形制，能在古端州流散民间的古砚中找到实物，又有史料文献可查的，还有一种屐形砚（附图75），且具有特色。多以木屐的前后齿雕为内敛三足，前足实为前屐，着地，与后二梯形方足成三足鼎立。砚面前低后高、前窄后宽，有箕形砚风。笔者曾选取其中较完美的一砚，撰文《造型独特的屐形砚》，认为鉴别古砚与鉴别其他古器物一样，最好是有确切纪年的墓葬出土物为标准器，用以对照比较并进而确定传世品的年代。但是，并非每个领域每个品类的考古出土资料都具备，而恰是古砚领域尤其是古端砚领域的考古出土资料，太缺乏了。即使是端砚产地古端州，历代端砚的出土都极罕。迄今唐代端砚的出土仍是空白。宋代端砚仅见于两方抄手砚，一方为1973年高要察步宋代夫妇合葬墓出土，另一方为1984年肇庆机床厂宿舍区宋代砖室墓出土。元代端砚的出土亦为空白。明代端砚仅见一方圆形三足砚，为1971年梅庵后岗明墓出土。清代也未见正式的纪年墓葬出土端砚。所以，目前我们赖以进行端砚史研究的，还是以馆藏和私人藏家的大量传世端砚为主。当考古出土资料缺乏时，我们可以运用古今文献资料进行印证，可以运用传世古端砚本身如时代工艺风格、地方或个人风格、雕饰图案、刀法做工、铭文落款甚至是墨锈包浆等等信息来推理和鉴定，绝不能因为考古出土资料的缺乏而裹足不前。

唐代砚台还有一些优美别致的形制，如多足砚、龟形砚等等，因只见于其他砚种，或只见于文献资料，于端砚中未见实物，在此不作赘述。

不事雕饰 深藏玄机

唐代的端砚纹饰，与同时代其他砚种相比显得素朴无纹，基本上没有雕饰，这在唐代似乎是独树一帜的。唐代的主流砚种为陶瓷砚，陶瓷砚中的主流砚式为多足辟雍砚和箕形砚。但只要浏览一下多足砚、辟雍砚砚足的数量与样式，从四足、五足到二十六足，从圆足、锥足到蹄足、熊足还有兽柱足、人形足，一些砚体还有纹饰浮雕，再看陶瓷箕形砚的前端有的还可以为兽头、为笔架、为莲瓣，随意地可圆、可方、可平、可翘。

曾被柳公权推重"蓄砚为青州第一"的山东青州红丝石砚，也不是素朴无纹的。《中国文物报》曾载两方雕饰精美的红丝石辟雍砚，一方为二十多足皆雕为二十多个发型各异的唐代仕女，另一方为壁形足上雕观音骑兽及众仙，皆工艺精巧栩栩如生。唐代端砚的素朴无纹，也不是简单的仅求磨墨实用，而不求观赏效果。中国石砚自汉代开始，已出现了非常精美的雕饰。例如现藏河南省文物研究所的西汉青石浮雕云龙盖三足圆砚，不仅砚身边缘以细线刻有回纹装饰，砚盖上竟还镂空高浮雕云龙纹，精致无比。又如现藏故宫博物院的东汉双鸠盖三兽足石砚，砚盖圆雕双吻双嬉的一对鸠鸟，生动至极。还有现藏安徽省博物馆的东汉双龙盖三熊足石砚、现藏甘肃省博物馆的汉代双盘螭盖三熊足砚等等。及至唐前南北朝，1970年出土于山西大同的北魏司马金龙墓石雕四足方砚，堪称中国石砚雕饰的巅峰之作。该砚面砚堂雕以联珠纹莲瓣纹为花边，花边中又雕笔掭、耳环形砚池，池边雕饰水鸟兽，还有莲座笔插，并点缀雕

以骑兽、角抵、马蹄、沐猴四组画面。砚四侧浮雕力士、云龙、朱雀、水禽等图案，砚底还有莲花组雕。通体融线刻、圆雕、深浅浮雕等技法于一砚。其雕饰之繁复，工艺之精绝，构图之高妙，气派之华贵，恐怕即便是清乾隆朝的工艺也只能望其项背。所以，延续至唐代的端砚雕饰，绝不会反而是落后到简单的实用而已。中国石砚自新石器时代晚期出现，至上世纪初逐渐为现代书写工具所代替，这其中任何一个时期，它的功能总是以实用为主的；在实用的功能上兼具艺术欣赏之美，则是从汉代开始就并已取得了非凡的成就。

笔者认为，唐代端砚的素朴无纹，也许可以这样理解：端砚于唐初问世之时，中国石砚的砚雕艺术已在东汉至南北朝时期形成了中国石砚发展的第一个高峰。端砚作为中国石砚新崛起的一个砚种，一方面身不由己地于大时代裹挟前进，承载着中国石砚的大时代的风格与特征，遵循着大时代的审美取向，生产出箕形砚和石渠砚等；另一方面也力求突显本砚种的个性和特色，追求在时代大风格中彰显个性，破天下之巧则以“拙”，归真返璞，不事雕饰，却深藏玄机。故如前所述虽同为箕形砚，而端砚卓尔不群，深得大唐的雄浑与大气。端砚艺人的这种尝试无疑是成功的，为后来宋代端砚耸立起中国石砚发展第二个高峰奠下了成功的基石。同时，唐端砚的不事雕饰更彰显其独步天下的发墨功能，从一个崭新的角度诠释和升华了“器以用为功”的真

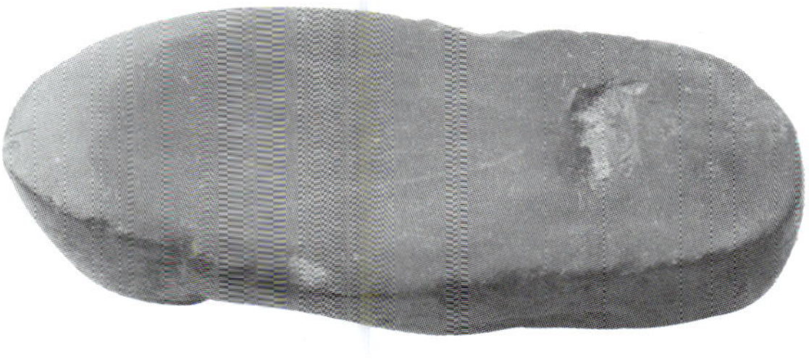

73. 晚唐端石龙岩履形砚

12.4cm × 6.3cm

此应为未完成的端石履形砚坯。这是一方制作中的履形砚。砚池虽刚开始用刀，但从其位置可知此砚前低后高，唐风明显。砚底虽无足，一是可能尚未雕琢，二是唐代后期高桌椅的出现已使砚足渐消。砚底平坦及砚侧偶见凹凸（该砚已见三侧面内敛），为唐宋过渡的演变之风。且值得的是，该砚石质并非当时之下岩（即当今之老坑），也非入宋后出现的东洞岩及宋坑等，且坑口名称亦未见载于唐时开采。它应是为下岩所取代，唐代即已绝产的著名砚石——“龙岩”。

正意义，即后来米芾所说的砚之用"石理发墨为上"，为端砚入宋之后稳居中国四大名砚之首奠定了最为坚实的基础。

下岩罕品"黑端"

"黑端"，作为古端砚的一个品种出现在端砚论著，见于清代陈龄的《端石拟》："黑端间青花：水坑中洞下岩之石，质极软嫩，细润如玉，其色青黑而带灰苍，湿则微紫，谓之黑端。"从中我们可以得到一个信息，古时的端砚称冠的下岩砚石曾以黑色为主调，称为"黑端"。

最早论端砚的宋人著作，有说下岩石色紫的，有说下岩石色青的，也有说下岩干则灰苍色，润则青紫色的。宋末赵希鹄在《洞天清录》中总结指出："世之论端溪者，唯贵紫色，而不知下岩旧坑唯有漆黑青花二种，初未尝有紫，无它，未曾观古砚矣。"并特辟一条目详述："端溪下岩旧坑卵石黑如漆，细润如玉……又一种卵石，去膘方得材，色青黑，细如玉……此品南唐已难得，庆历间坑竭……别无新坑。"赵希鹄是以古砚研究为立论基础的，明清的端砚学者多沿袭此说。于此至少可以相信，开采于唐代的下岩，在北宋中期之前，曾出产过可称之为"黑端"的端砚石。

下岩黑端既然如此高档，也就会出现冒充"黑端"的赝品。《洞天清录》亦曰："一种辰沅州黑石，色深黑质粗糙，或微有小眼黯然不分明，今人不知往往称为黑端溪，相去天渊矣。"下岩黑端砚台实物，1999年广东博物馆"馆藏端砚精品展"中曾有过展出。笔者也看到过一方唐代三足黑端辟雍砚（附图74），石色深黑，石质十分润泽，虽历千年风雨土蚀，仍非凡品可比。

"黑端"也仅一度出现于唐宋下岩，后来再不曾出现。但类似"黑端"的砚石却有。清初屈大均《广东

74.唐代下岩黑端三足辟雍砚

直径24.4cm，厚4.9cm
该砚与宋元明清的辟雍砚制有所不同，墨堂与环渠侧面，以及整砚外侧，均向外斜削。渠侧尤显倾斜，是为箕形砚池之遗风。该砚来势雄浑，圆满大气，用刀明快堂皇，充分展示了大唐风韵。

新语》："宋时三言未开，皆于七星岩北将军岭之定名为将军坑者取□□其石色黑，无眼，质亦粗。"该坑石表面还有银星□□向光斜视，一片银沙闪烁，与下岩黑端不难区别□又如开坑于明代宣德、绝产于清代乾隆的宣德岩坑□□其石色也近似黑端的"深紫近黑"。在广东省博物□□藏端砚精品展"中也有宣德岩端砚，人们可作比较□

　　能够弄清□□端"的概念，分辨"黑端"与类似品、赝品之间的不同，在古端砚鉴赏和收藏中比较重要。

造型独特的屐形砚

　　唐代是我国砚台发展的成熟时期，形成了在实用基础上追求砚的造体美、线条美、砚面却不事雕饰的时代风格。唐代流行的是箕形砚、辟雍砚、屐形砚和龟形砚等，它们有一个共同的特点，即砚底都以足支撑。因为当时人们席地而坐，砚台放在低矮的几案上研墨，砚须有一较平稳。这种足支型砚式，在唐末随高桌椅的出现而渐消失。后世的有足砚，仅是一种仿古和装饰而已。

　　如图75，是一方唐代屐形端石砚。"屐"是木底的鞋，后为鞋的通称。该砚长15.7厘米，宽9.8厘米，连足高2.7厘米。琢砚艺人显然要表现一只二八佳人的闺秀木屐，唐代女子崇尚体态丰腴，故屐砚砚面宽肥而短。砚首一道稍嫌宽肥的新月形砚池，使人想象当时女子天足之天然与优美。砚背三足，是木屐的前

75. 唐代端石下岩屐形砚
15.1cm × 9.8cm

后齿。唐代诗人独孤及的《山中春思》:"花落没屐齿,风动群木香。"一群足踏木屐的少女,在山花烂漫的郊野追琢嬉戏,落下的花瓣深陷了脚下的屐齿,春风拂过,撩动万紫千红与足踏木屐的少女竞艳争香。如此一方端砚,以它静中有动的造型、明快优美的线条,令人遐思至此,亦足见其永恒的艺术魅力了。

屐形砚还有仕途通达的寓意。李白当时有诗:"脚著谢公屐,身登青云梯。"相传南朝诗人谢灵运游山时喜欢穿木屐,故木屐有"谢公屐"之称。谢灵运年轻时即袭封康乐公,后又官至太守等职。故虽然李白诗句原意不是指仕途,但传入民间世俗化后便赋予了青云有路、高官显爵的吉祥寓意。

附:寻访端砚名坑——水岩洞

谢恩恩

岭南明媚的三月,为寻访出产端砚中最名贵石材的水岩洞,我随父亲从肇庆的鼎湖后沥渡口横渡西江到端溪。江面碧波在艳阳下闪烁跳跃出片片鳞光。端溪的出水口也闪烁跳跃着这样银白的鳞光。近了,近了。端溪旁,一弯水泥斜坡从芳草萋萋的高岸上呈弧形延伸入水中,是渡头。走上渡头,迎面便是壁立而绵长的斧柯山,那水岩洞穴就在距端溪出水口一箭之遥的斧柯山脚。

水岩,又称老坑。其石料为端砚中最上品。然而,端砚石材并不只以水岩石扬名于世。端砚种类繁多,石品缤纷,是文房收藏界乃至历代文化名人的研究课题。端砚产地在端溪,肇庆古称端州,由端溪而命名。

从清浅的端溪涉水而上,溪水轻抚着我的双足。我们不多久便来到了铁栏高耸、重门虚掩的水岩洞门前。旧日的洞口早已荒废,湮没在草树藤萝间了,现在我寻到的是新中国成立后开辟的新洞口。水岩洞,作为端砚名坑受国家管理和保护,平日除采石砚工就不许无关人员进入。而今天随着父亲，因研究的缘故，我也能入洞一看，自然十分欢喜。

水岩洞的岩形是端砚诸坑中最特别的，它地势低又深延西汇河底，洞内常年滴水如雨。古人说水岩洞"非石生泉中，是泉生石中"，所以砚石特别娇嫩。父亲一边介绍一边拉我的手前行。

洞内有探照灯，可依然幽暗。狭长的梯级，梯级中间是铁轨。砚工就是利用小斗车沿着铁轨把石料运送出洞的。

真的只是一百多米吗？我望着隐没在下方黑暗中的梯级，仿佛这无尽头，是通往久远的过去？是通往尘封的历史？我拾级而下。恍惚间，我依稀在浓重的幽暗中看到了古时砚工的身影。他们赤裸全身，匍匐着往上运送石料，周围是混沌的黑暗，头上是随时塌方的岩层……"一夫挽绠，百夫运斤。篝火下缒，以出斯珍。"东坡在其千古流传的砚铭中发出对端州砚工的感叹。

"洞内潮湿，我们在山上砍来的木杆也长叶了。"引路的工头指着乱石堆上一根木杆。灯光照见它秃枝上新生的细嫩叶子。我环顾四周，发觉自己已身在洞底。古时砚工的身影不知何时幻作了眼前这个身穿蓝工人服，头戴安全帽的健壮工头。洞内分几个岔道，都是为采石开凿的。

76．谢恩恩于水岩洞内

谢
明
谈
古
端
砚

48

**78. 老坑新洞口铁轨缆车
运出石材**

　　每条狭短岔道尽头都是一个采石的小洞穴。岔道
内有堆放整齐的石料。我随手捡拾起一方方巴掌大的
端详。水岩石呈紫黑色。在那凝重的紫石中，分布有
点点散碎鱼脑冻，还有冰纹、金银线、翡翠、火捺、蕉
叶白，有的竟还有如鸟兽眼睛般的石眼。古人说"人
唯至灵乃生双瞳，石亦有眼巧出天工"，我不禁为大自
然诗意的创造倾倒了。

　　我们继续前行，转入一更深的洞穴。工头要我们
停下，打亮高倍探照灯，前方渐趋倾斜的洞底已被水
淹没了，是洞顶上西江渗入的河水。水岩洞底比河床
低，五月西江汛期一到便要封坑，一年之中采石期只
有十一月至次年五月初，这也造成了砚材的难得。在
探照灯下，那一汪潭在黑暗中闪烁着微微的鳞光。这
水，是一脉的吧，我仿佛看到了端溪银白的鳞光。同
时，我又感到如渡江时站在船头一样，带着水雾的空
气的流动。只是这风特别的细微，也分外清凉。

　　觅觅转转，该出洞了。狭长的阶梯往上延伸，遥
远的洞口一如深长的古井，恍恍惚惚跨越了古今。我
努力抬腿，一瞬间竟有点眩晕的感觉。

第二名坑"坑仔岩"

进入北宋，端砚又添一迄今仍在开采的"端砚第二名坑"——坑仔岩。坑仔岩之名未见于宋人砚著，甚至首载该坑至清初高兆的《端溪砚石考》也是倒过来的"岩仔坑"："峡将尽，岸南山坳有洞，书治平四年差大监魏柔重干，土人名曰岩仔坑。"直到嘉道期间李兆洛《端溪瓦坑记》、何传瑶《宝砚堂砚辩》、吴兰修《端溪砚史》等砚著，才改称坑仔岩。吴兰修《端溪砚史》曰："岩仔坑土人称坑仔岩，原作岩仔坑，今改。"由于该坑在清代之前无明晰的记载，且石质与老坑同样卓然章书，故有些砚学家认为它就是唐宋的下岩，甚至由此引发了一场关于下岩与水岩的学术争议。笔者后有专文详述，在此不赘。但有一点是各派砚学家都基本认同的，即坑仔岩开采于宋代是没有问题的。

79. 坑仔岩诸洞远眺

坑仔岩位于斧柯山西面山麓上，有碎石堆且为洞口。

80. 北宋端石坑仔岩圆
形涵星砚
直径13.9cm 厚2.1cm

位列四大名坑的宋坑

与坑仔岩同时开采于宋代的坑种，除唐代下岩继续开采外，新出现的坑名有：首载于苏易简《文房四谱》的"将军山"，首载于唐询《砚录》的"上岩""西坑""后砾"，首载于米芾《砚史》的"半边岩"，首载于杜绾《云林石谱》的"小湘""后历""蚌坑"，首载于叶樾《端溪砚谱》的"中岩"。唐询的"后砾"与杜绾的"后历"同为一坑，并与苏易简的"将军山"一样同为现今之北岭宋坑。杜绾《云林石谱》述："后历石在端州之北十里。"清初周梅山《砚坑志》述："七

81. 作者与陈金明，在"老宋坑"之称的盘古坑洞前

星岩北将军岭下采石……至今名将军坑，又名北岭宋坑也。"乾隆时期肇庆知府的袁树在其《端溪砚谱记》也述："七星岩后有盘古坑，开自宋时，因名老宋坑……其旁又有新坑名新宋坑。"可知目前尚存的北岭宋坑开于北宋初年，是记载最清楚，也最没争议的端砚古名坑。

上述宋代的其他砚坑，与前代唐之龙岩，也与后来朝代的许多砚坑一样，其演变查考起来已是很复杂很困难的事，笔者希望与各位同行另做深入的探讨。

82. 北宋端石盘古坑小鹅砚
8.6cm × 6.7cm

有种无坑亡绿端

宋代还有一值得一提的"绿端"，这是宋代记载中有种无坑的端亡新品种。首载于北宋米芾《砚史》的《端石》条下："一录石带黄色亡为砚……甚美而得墨快。"但没有说一产自哪个坑亡。南宋高似孙《砚笺》列"绿石"专亲'绿石：砚谱不载绿石。王荆公诗：'玉堂新样世争一，况是雪溪绿石镌。'"亦无载述绿端归属何山何岩，一引王安石"丁丁宝臣赠端溪绿石砚"诗句，也可证绿一始于北宋。该条目下注砚谱不载绿石也属实，除一高《砚史》外，高似孙之前砚谱砚著均无载绿端，反正宋人对绿端尚未足够重视。根据清代诸多端砚学者一北岭产出绿端的记载，如景日昣《砚坑述》、周梅山《正坑志》、陈龄《端石拟》、李兆洛《端溪砚坑记》、吴兰修《端溪砚史》及《肇庆府志》《高要县志》等等，可知宋时绿端产地之一为北岭山，另一产地则是端砚发祥地端溪水畔斧柯山。吴兰修《端溪砚史》引《庄亭见闻录》述："绿端石出羚峡，亦有水坑旱之别。"羚羊峡首先包括位于峡东南的端溪斧柯山，具体一是斧柯山西麓端溪水畔朝天岩一带。所谓"水坑旱一"仅指产石地点（绿端石多露天开采），或坑洞是否有水或近水。如朝天岩坑洞下一山涧所产绿端石，即可谓水坑。佳自宋至今，无论采石琢砚者或砚谱砚著一绿端石均统称"绿端"，概不分何山何岩何坑也。

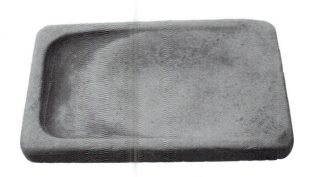

83. 宋代绿端石行旅一观
7.8cm × 4.9cm

老苏坑的传说

　　有关宋代砚坑，还有一个极富魅力的传说。袁树《端溪砚谱记》中有段令人眼前一亮的记述："距峡东二十里横查司对岸，有坑为东坡所开，名老苏坑。"文字表达非常明确，北宋大文豪苏东坡曾到端砚产地古端州，深入到斧柯山东麓的崇山峻岭，亲自组织开坑采砚石（附图84）。对该坑石质石色，袁树紧接上文亦作了记述："石色亦全备，其音响尤甚。""音响尤甚"可以理解为较响亮似金属声，这正是斧柯山东麓诸砚坑石材敲击时的石声；"石色亦全备"则是指该坑砚石，具备端砚石应有的石色石纹等特色。上世纪90年代中后期，笔者在制砚名师陈金明和采石师傅黄财的指引下，多次深入到"距峡东二十里横查司对岸"，即羚羊峡东峡口柯斧山东麓，往南深入约十多公里，即沙浦镇苏一管理区的西岸村。沙浦镇西岸村与黄岗镇的白石村一样，也是古端州历史悠久的古老砚乡。端砚学家何传瑶《宝砚堂砚辩》中载："旧苏坑，一名西

84.斧柯东深山
传说大文豪苏东坡曾于此开"老苏坑"的，端溪斧柯山东面深山。

18.7cm × 12.2cm

该砚四侧内敛，□□手
深注，池耸一柱作□□均
为北宋端砚典型□□，石
材却非端溪水畔□□西
麓，及羚峡与北□□之
质，而具斧柯东□□石之
"音响尤甚"与"石□□□"
等特征。故可推断，□□宋
砚材在宋代已有开□。苏
东坡曾开"老苏坑"□专
说，可视为佐证。

岸。"吴兰修《端溪砚□□亦或："苏坑，在沙浦西岸
村……自苏沆至□尾□在西岸。"虽然吴兰修又在
"苏坑"条下述"袁树□东坡所开，盖传闻之误。"却
没有提出"传□之误"□证据。相反，苏东坡那脍炙
人口的《端砚铭》中□着"千夫挽绠，百夫运斤，篝
火下缒，以出斯□"之□。如果不是亲临端砚之乡，不
是亲临砚山□□，不是□眼目睹端砚采石之苦，是绝
难写出的。如明□高濂《遵生八笺》说："苏长公砚铭
曰'千夫挽绠'，□言□□端石。"高濂之意，东坡亦
亲临端溪、亲临□岩。笔者虽没有找到"老苏坑"的
准确位置，但□当年□坡谪居与端州近在咫尺的惠
州，以其之爱砚如痴的天性，岂有不到端州之理？苏
坑之名，砚者已□二百多年，岂是空穴来风？"千夫
挽绠"诸句岂是□□听途说的臆想之作？

从端砚文化鉴□观

宋代端砚砚坑的不□发现，使端砚生产的规模也
进一步扩大。端砚以其丰富多姿的石品花纹，不断创
新的形制样式，其雅考□的雕琢工艺，在全国范围掀
起了新的浪潮。□响所□，上达帝王公卿下至黎民学
子，均梦寐以□。苏轼、王安石、刘克庄、陆游、陈
师道、李纲、文天祥等□，无不对端砚满腔激情地加
以赞咏。除苏轼□《端□铭》和王安石的《咏端溪绿

86. 南宋坑仔岩端石腰鼓形砚
17.6cm × 12.1cm

端砚文化研究，与文学艺术、风俗等方面，可互为借鉴补充。例如此砚，根据工艺的时代风格，可知是南宋之物，再根据叶樾《端溪砚谱》所载的"砚之形制……曰腰鼓"来印证砚形，我们即可鉴其为南宋腰鼓形砚。如能再结合该砚端石特定的材质，玩赏宋代文豪贤士吟颂端砚的名句，诸如"金声玉骨石为容……滑如女肤色马肝"、"一嘘而泫，岁久愈新"等等，即可进一步鉴定其确为端砚。

87. 宋端石坑仔岩仿汉瓦砚
18.2cm × 10.6cm

该砚额上有翠黄相间石眼一颗，于宋砚较为难得。

石》，还有刘克庄的"二砚温如玉琢成，信知天地有精英"，陆游的"端溪之穴，毓此美质"，陈师道的"端溪四山下龙渊，郁积中州清淑气"，李纲的"端溪出砚才，最贵下岩石"，岳飞的"持坚守白，不磷不缁"，文天祥的"紫之衣兮绵绵，玉之带兮粼粼"……文人对端砚的醉心与狂热，使宋代的端砚文化高度发展，并有力促进了中国砚学的兴起。北宋苏易简《文房四谱》之《砚谱》、唐询《砚录》、李之彦《砚谱》、米芾《砚史》以及南宋叶樾《端溪砚谱》、高似孙《砚笺》、赵希鹄《洞天清录》等等，均重点述说了端砚。其中，我国第一部端砚专著叶樾的《端溪砚谱》问世，标志着端砚学作为一门独立的学科脱颖而出，也标志着端砚文化的成熟，端砚能被目为"四大名砚"之首，盖始于此。

丰富多姿的形制样式

叶樾的《端溪砚谱》，系统地对唐以来端砚的砚山砚坑、石质石品、形制式样、鉴赏鉴别与端砚价值等，条分缕析，归纳总结，客观准确，至今仍然是端砚学乃至整个砚学领域不可或缺的重要文献。

按《端溪砚谱》所载，两宋之际端砚的形制式样已近五十种："砚之形制：曰平底风字，曰有脚风字，曰垂裙风字，曰古样风字，曰凤池，曰四直，

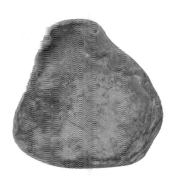

88．宋端石下岩有丹砚
10.4cm × 9.6cm

89．宋端石瓜样小砚
11.7cm × 7.4cm

日古祥四直，日双锦四直，日合欢四直，日箕样，日斧样，日瓜样，日卵样，日璧样，日人面，日莲，日荷叶，日仙桃，日瓢样，日鼎样，日玉台，日天研（东坡尝得石，不加斧凿以为砚，后人寻岩石自然平整者效之），日竿羊，日龟样、日曲水，日钟样，日圭样，日笏样，日梭样，日琴样，日镦样，日双鱼样，日团样，日八角有栏秉砚，日八棱秉砚，日竹节秉砚，日砚砖，日四板，日房相样，日琵琶样，日月样，日腰鼓，日马蹄，日月池，日匣样，日歙样，日吕样，日琴足风字，日莲莱样。"其中"歙样"是指借鉴移植歙砚形制中端砚尚没有的式样。如同时期唐积《歙州砚谱》所载的"宝瓶样"、"古钱样"、"外方里圆样"等，在宋代以来的古端砚中均可看到。值得一提的是，在《歙州砚谱》所列的形制式样中，是将"端样"放在第一位中。"吕样"是指北宋澄泥砚名家吕

90．宋端石竹节叠砚
13.6cm × 8.9cm

道人的制砚式样移植于端砚之中。关于吕道人，李之彦、苏轼、米芾、高似孙等均有记载。如李之彦《砚谱》："泽州道人吕翁作澄泥砚，坚重如石，手触辄生晕，上著吕字。"但吕道人所遗真品极罕，故难窥其式样。苏东坡的《书吕道人观》说："多作投壶样。"萧高洪《新见唐宋砚图说》中录有一方吕道人砚的图片，长方形砚面，绕边雕为下凹似壶似瓶更像如意头状的图饰，图饰内为砚堂与砚池。此类图饰多见于南宋元明端砚中。但笔者认为，叶樾《端溪砚谱》所说的"吕样"，应是广义地指所有澄泥砚及陶瓷砚。这说明宋代以后，端砚仍十分注重吸收其他砚种的长处，与其他的砚种一起，打造出有"周鼎宋砚""镜必秦汉、砚必宋唐"的声威，为中国石砚乃至中国砚台的发展，耸立起一个难以逾越的高峰。

山水雕饰之祖兰亭砚

其实，宋代端砚许多形制式样的名称本身，就已包含了雕饰的题材意境。例如清之后称为兰亭砚的，叶樾《端溪砚谱》载作"曲水"砚，就是在砚面砚侧甚至复手内面，雕刻王羲之与诸贤士兰亭修禊、引水成渠、流觞取饮、相与为乐的场景。王羲之《兰亭集序》"又有清流激湍，映带左右，引以为流觞曲水，列

91. 当代仿宋兰亭砚（梁焕明作品）
10.5cm × 7.4cm
兰亭砚迄今仍为端砚艺人的传统保留产品。

坐其次"，是"曲水"砚的取名之源。这是宋代端砚新创制的，与"抄手砚"并称为宋代端砚两大砚式。但宋代端石兰亭砚传世极罕，许多大型博物馆也未见有藏品。目前最可信的宋代端石兰亭砚，是现存我国台湾故宫博物院的"宋端石米芾兰亭砚"，曾著录于清乾隆之《西清砚谱》。该砚四侧雕刻"兰亭修禊图"及米芾临兰亭序全文。精于鉴赏的乾隆皇帝，面对这方文房瑰宝，欣然于砚背题咏："……穆然宋砚古色披，犹是老坑出端溪。兰亭图画前序辞，精镌四面笔法奇。"虽然宋代端石兰亭砚传世稀少，但它对同时代其他砚种的影响相当深远。如宋代的洮河石兰亭砚、薲村石兰亭砚等。之后的端石兰亭砚，也不乏见。漫长历史中，已形成了以兰亭雅集为题材，以北宋"曲水"砚式为基调的兰亭砚式，至今仍为端砚艺人沿用。

从海内外珍存的宋端石兰亭砚实物（海外日本较多）以及古砚著录宋端石兰亭砚的著述看，该砚式的雕饰，与北魏司马金龙墓石雕四足方砚一样，融多种雕刻技法于一体，线刻、深浅浮雕、字刻，均豪放潇洒，刀工精到娴熟。再结合以隽永的主题、古贤书圣的题材、全景式的构图，诗一般的云山烟水、古榭亭台、人物意态，营造升华出一种清新的氛围与境界。仅就该砚式的工艺价值与艺术价值而言，宋代端石兰亭砚已堪称中国石砚的又一高峰之作。中国砚台的山水雕饰就是从端砚独创的兰亭砚正式开始的。例如《西清砚谱》载有宋画家马远款的，像兰亭砚一样在砚侧四壁环刻通景山水图的"宋端石睿思东阁砚"；有表现蓬莱海上仙山的"宋端石海天砚"；也有背刻东坡后赤壁赋图景的"宋端石洛书砚"。并所幸此三方端砚瑰宝的实物真品，存于我国台湾故宫博物院。此后历朝历代的山水图雕饰端砚，乃包括其他砚种均有琢制，构图设计、刻工手法等工艺也有一定的创新。但追本溯源，宋端石兰亭砚是为中国砚台山水图雕饰的开山之祖。

独创经典砚式抄手砚

92. 北宋早期端石抄手砚
16.3cm × 9.5cm × 2.1cm

93. 北宋中后期端石抄手砚
17.4cm × 10.8cm × 2.4cm

端砚另一种独创经典砚式抄手砚,是宋代最为普及的砚式。它的主要特征是长方形砚体,面向人前的砚堂下侧透过砚背斜向砚额的下侧挖空,以便于用手抄进砚底提拿移动,轻巧灵便;抄手砚的砚面,有的一端高一端低如斜坡状,有的平直至砚池;砚背挖空后两侧形成的两墙足,也有高有低,其中高至5厘米以上的称作太史砚。但无论称太史砚还是抄手砚,都是后人的称谓,该砚式在宋代都归属风字砚系列。叶樾《端溪砚谱》载有五种风字砚,抄手砚当属"有脚风字"(两墙足),太史砚当属"垂裙风字"。但现代许多砚学家都将太史砚统一归于抄手砚的范围里。

宋代岭南有以砚随葬的习俗。端州及岭南地区的民间出土的宋端砚,时有所闻见。在端州及岭南古砚收藏家的藏品中,不难看到抄手砚的珍品。上一章曾说到,现藏广东省博物馆和肇庆市博物馆的两方宋端砚,都是抄手砚。在海内外的宋端砚藏品中,抄手砚也占了很大比例。后来各朝代的端石抄手砚也流传较多。直至今天,端砚艺人仍把抄手砚式作为最重要的砚式之一。

94. 南宋端石太史砚
20.7cm × 12.6cm × 5.2cm

宋端砚呈盛世之风

宋端石抄手砚很明显是从唐代箕形砚和唐元结庐亭端砚的双池抄手式演变过来的，同时还体现了唐代端砚不事雕饰、归真返璞的遗风。但宋端砚比唐端砚在点、线、面的优化组合上更显简洁、洗练、庄重与典雅，它透出的盛世之风有别于唐砚，能让人更多地感受到诗礼之家学士高人读书修身齐家治国的风仪。而这种风仪，恰恰是汉魏以来中国砚台兼融了欣赏功能之后最欠缺的。学士高人的风仪，在宋端砚的抄手砚中，灵与肉得以有机结合在一起，把宋代端砚整体提升到一种文化崇高的境界。宋端砚焕发出一种耀眼

96. 宋端石辟雍砚

直径14.9cm　高1.9cm

"辟雍"之名，源于西周王室子弟大学所在地。《礼记·王制》曰："大学在郊，天子曰辟雍。"以其地四面环水，形如圆璧故名。辟雍形制琢制石砚，始于隋唐，其中端砚以宋代的最为典雅，明代的较厚重，清代的较纤巧。

95. 宋端太极池砚

16.8cm × 10cm

在圆形内以曲线构图为一黑一白首尾相顾的"阴阳鱼"，是为太极图。该图作为工艺纹样，始于隋唐，一直盛行至今。人们更多地赋予了它祈福呈祥的吉祥之意。此宋端砚以太极图式为墨堂，其雕琢之凹更能表现阴阳两鱼之虚实，充体现出宋端砚高度成熟的深厚文化内涵。

的光环，与拥有的毛公鼎、大克鼎等无上国宝的"周鼎"齐名九州，与精美绝伦的秦汉铜镜并驾天下。中国石砚乃至中国砚台继汉晋南北朝之后，至此又耸立起了第二个高峰。这高峰之上璀璨的绝顶，就是雄踞中国名砚之首的端砚。

南宋闺阁砚

鉴别唐宋古端砚，与鉴别唐宋古瓷器有共通之处。主要的鉴别依据，是有确切纪年的墓葬出土标准器。很多散落民间的唐宋古端砚，只要根据以往考古挖掘和整理出来的古端砚资料，就可以基本鉴别出它们的年代。当然，综合因素的考察，如纯传世品的使用痕迹、题铭砚的字迹查核等，也是不可缺少的。

附图97，是一方宋代古端玉台砚，直径16.7厘米，厚3.4厘米。平底。砚面亦极其平整。砚额深雕一朵侧面剪影的山茶花为砚池，花瓣斜削成洼，瓣瓣清晰，简朴洗练，生动优美。根据它的形制、纹饰和做工所体现的时代风格，综合考察它的墨锈包浆、风化剥蚀、使用痕迹等表征，再结合特定的端砚石质，基本上可以断定为一方"熟坑"南宋端石玉台砚，即被玩"熟"了的南宋古端砚。不过仍需考古的资料来支

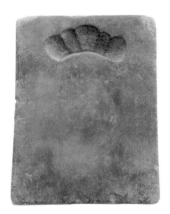

97. 南宋端石圆镜闺阁砚
直径16.7cm　厚3.4cm

98. 宋代端石长方镜台砚
17.6cm × 12.2cm

持。该砚最特点的地方，是以侧面剪影的朵花图案深
刻为砚池，和池中各个花瓣斜削深洼的用刀。这与
1990年6月10日广东省海康县宋墓出土的古瓶纹抄手
砚上的砚池，运用刀法艺术手法是一致的(载广东省博
物馆、香港中文大学文物馆编《紫石凝英》)。虽然出
土砚上的尖花池是多个瓣的牡丹，池下还多了浅刻的
古瓶纹，但同样是侧面剪影的朵花，同样是斜削深洼
的用刀，风格是明显统一的。另外，在考古和文献两
方面来看，两方古砚在厚度方面是由"尚薄"向渐厚
发展。该砚厚度已达2.3厘米，已趋厚重，也应该定
为南宋时物。

　　"玉台"即镜台，镜形砚最早见于唐代，至宋已
有菱花形、圆形、随圆形、长方形等，统称"玉台砚"。
圆形与菱花形玉台砚，典雅中透着妩媚俏丽，当属闺
阁用砚。唐代王昌龄有诗"盘龙玉台镜，唯待画
眉人"，清代沈廷龄也写过"含颦玉台之前，凝眸宝
幄之内"。笔者无莫非见这方玉台砚时，于墨痕古锈、
朵花砚池之中，也仿佛感受到一种闺阁馨馥之气，仿
佛看到一个春日云笔、展卷挥毫的香魂倩影。

牡丹朵花砚赏析

　　牡丹花是一直被世人视为幸福美满、富贵荣华的
象征。牡丹纹饰也普遍见于历朝古器物中，古端砚
也是如此。除三大端石基本元素无纹，至今尚未发现
有牡丹纹饰外，历代以来端砚上的牡丹花雕饰长盛不
衰，尤以宋端最具特色。

　　1990年12月在广东省海康县宋墓出土的古瓶纹
抄手砚，在砚面浅刻古瓶的瓶口之上作为砚面纹饰的
主体，斜刀深刻一重剪影式的、花瓣清晰、雍容盛
开的牡丹花作砚池。该砚应该准确称为"古瓶牡丹
抄手砚"。如图100，是一方流散在民间的宋牡丹朵
花砚，砚堂斜刻三砚二，砚池深洼为二，构成一朵怒

100. 宋端石牡丹朵花砚
30cm × 15.5cm

放的牡丹。它同样采取剪影式的表现手法，同样作为砚池处于砚首而一花独放，可见这是宋砚雕花的总体时代风格。但它比海康县出土那一方的更抽象一些，艺术的表现力也更大一些。端砚艺人摒弃了那种庸俗的富贵观念，而赋予牡丹以清、奇、高贵与气度，用刀上也一改如海康县出土砚那种以每片花瓣斜削深洼为主的雕花技法(也如玉台砚类的朵花砚池)，而做整体圆浑深洼，进行了富于个性化的探索，对后世砚雕有一定的影响。明清一些深洼抽象的砚池风格，不能不说发源于此。

思古悠悠圭样砚

圭者，《说文》释"瑞玉也，上圜下方"，是一种扁长方形、顶部或圆或尖的玉制礼器，为商周时帝王诸侯举行隆重仪式时所使用。宋代琢砚艺人仿效之制为圭样砚，或整方砚形琢制如圭，或砚内墨堂墨池琢制如圭，是宋砚最早的式样之一。五代末北宋初的文房四宝学者苏易简，在其《文房四谱》中首次述及圭样砚："(砚)制毕，有……上圆下方，如圭如璧者。"其后北南宋之间，《端溪砚谱》和《歙州砚谱》，在砚的式样中均载有"圭样"。自此历朝历代，各种材质的圭样砚皆有制作，在端砚之乡至今仍是琢砚艺人保留的传统砚式。

但无论出土器还是传世器宋代圭样砚并不多见，端石琢制的更少。著名的《西清砚谱》著录过、现藏我国台湾故宫博物院的端石"宋宣和八卦十二辰砚"，其墨池作圭首式，与墨堂构成完整的圭状，应视为圭样砚。然端石宋圭砚在此洋洋巨著中，亦仅此一方。遗存虽然有限，作为宋砚始创的一种形制纹样，却充分表现出宋代琢砚艺术的高超，被鉴赏界誉为"周鼎宋砚"，可谓得名不虚。附图101，是散落端州民间的端石宋圭砚，长23厘米，上宽13.5厘米，下宽16厘米，

101．宋端石圭样砚

厚2.7厘米，□□术性地将下方修作椭圆，保持上敛下丰的圭状作□形，□部起势尖圆，构成了整方砚圭样形制，古朴□□致。砚内墨池深凹而作大蝠度的圭首式，其下墨□虽无绘刻与之连接，但虚实结合，观赏者一瞥之间□能感知其圭样的优美与曼妙。在□内外两圭的中间□立，□砚艺人□巧思独运，于砚腰至砚首两侧往□斜削，于砚额两侧也同样巧妙斜削，使砚边平面赫然□呈现出棱角分明的圭样，沉雄犷悍，潜形俊丽。□□三个形制不同的圭样集于一砚之中，相互辉映又相互奄藏，互相涵纳又互相衬托，极富魅力与特色，表□出当于端砚艺人较高的艺术素养，又表现出宋砚线条简朴、构图精练、实用与欣赏并重的时代风格。千□之下，令人思古悠悠。

102. 清仿宋端石尖首圭砚

素朴的□砖与砚板

砚砖与砚□是两种古老的端砚砚式。砚砖为长方形，砚面砚底□平，不开墨堂墨池，不加雕饰，素朴无纹，浑然□一。砚板也如此，只是面积宽阔些，厚度薄些，也无墨堂墨池，也无任何雕饰，扁平一块似木板，故亦称□板砚。

这两个砚□，最早流行于两宋之际，叶樾所著《端溪砚谱》□有记载。按□中的顺序排列看，应该比当时较著名□月样砚、蓬莱样砚等还要时尚。这应与当时端砚已升四大名砚之首，以石质石品称颂于世有关。

砚砖、砚□明显□便于观赏砚中的石品花纹。宋人曹继善说："□用干石一片，别以器盛水旋滴入研墨。"但毕竟□墨堂墨池，墨汁只能随磨随用，使用不太方便，□□墨之后，砚面虽经洗涤也墨垢沉积，有碍观赏，故□明以后，砚板已发展成一个纯观赏性的品种。砚砖□功能已为砚板所涵盖，至此渐渐湮没不传。

但有个现象比较奇怪。无论是宋代讲究观赏与实用相结合，还是明代倾向于纯观赏性，也无论是出土的与传世的，均未发现砚砖砚板上有端石中最贵重、最具观赏性的石眼(北京翰海1995年春拍卖的"日月升恒平板带眼端砚"，因为琢有新月形墨池，不属真正的平板砚)。宋代的砚砖砚板上没有石眼，甚至没有后世赞赏的石品花纹，是当时对端石的追求所致。曾封端王的宋徽宗赵佶便否定石眼，说："端石如一段紫玉便佳，何必有眼。"宋高宗赵构也说："石之有眼，余亦不取"。可能就因为两位皇帝如此说，上行下效。故南宋高似孙在《砚笺》中，将明清后来著名的端砚石品"金线"、"火捺"、"黄龙"等，归入"石病"之列。至今我们见到的宋砚砖砚板的石色都是纯净的。明清的虽可见到石眼以外的各种石品花纹，但不少还是石色纯净的。

如附图103为苍灰色的砚板，104为马肝色的砚砖。苍灰者如苍玉，马肝者如紫玉，别无杂质。广东省博物馆展出过一块清乾隆砚板，也像紫玉一段。

砚板至今仍是端砚生产的传统品种。在端砚日益成为文玩艺术品的今天，更注重石品花纹的奇特性和观赏性，并不拘泥于前人，砚形与石品都更加丰富多姿，这使得砚砖与砚板成为端砚收藏者应该关注的一个项目。

谢明谈古端砚

64

103. 宋端石砚板
22.4cm × 14.6cm

104. 宋端石砚砖
21.6cm × 12.6cm

"错版" 古端子石砚

　　我所说的古端砚的"错版"，当然不像邮票钱币之类因错印等造成的错版。而是古代端砚艺人，依据某个错误观念而刻的错误纹饰。如附图105所示是一方宋代端溪子石砚，砚面明显表达的"子石为大石中生"的意念，就是一种"错版"纹饰。这种错误源自对子石的错误理解。

　　端砚"子石"这个概念，在现代是十分清晰的。它是指砚岩风化剥解成辛块，崩落在溪流泉水中，经长期冲刷磨砺，成为卵圆并可以作砚的天然石材。在宋代，尤其是北宋，端砚开始盛行不久，上文人墨客普遍没有到过端州，对端砚石料的采制并不了解，以致在一些著名学者的著述中，对端砚子石的认识也出现错误。例如欧阳修《砚谱》述："端石出端溪……以子石为上。子石者，在大石中生，盖精石也。"据查，欧阳修就没有到过端州。北宋最早的砚学家苏易简，在其《文房四谱》中亦述："或云端州石砚匠只认山石之文理，乃凿之……自然有圆石，青紫色……琢之为砚可值千金，故谓之子石砚。"还有当时的砚学家叶梦得、高似孙、赵希鹄等，均持此说，而他们也没有到过端州。北宋砚学家中唯一到过端州的，是大书法家的米芾，在其《砚史》中曾提出不同看法："余尝至端……遍询石工，云子石未尝有，其在岩中，实于大石板上凿。岂有中包一子者？余尝见若溪中多有卵石，容差褊可斫面磨墨，所谓石子，世乃讹为子石。至有斫样相似而为之者，于理云石于石中心复生卵子也。"米芾于实地调查得出的认识是正确的。他实际上是指出所谓大石中生的子石，是石工开采的砚材石璞；而溪流中可以作砚的卵石石子，已被俗传为子石，以至于砚匠仿制琢为"可值千金"的子石砚。但这

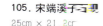

105. 宋端溪子石砚
25cm × 21.2cr

问题没有引起大的论争。后世砚学家对此虽然有点暧昧，总体也是心中明了。清代吴兰修《端溪砚史》明确地将子石归入石璞条目，乾隆钦定《西清砚谱》确认的端溪子石砚，从有关照片上审视，也是砚山溪流中的天然卵石。而附图的错版子石砚，经笔者研究实物，则属于当时"斲样相似而为之者"的仿卵石新砚式。砚面上的图饰，是砚匠为提高砚值而迎合"子石为大石中生"的错误观念故意雕刻的。此错版图饰，是古端砚中目前仅见的一种，实物也并不多见，有一定的收藏价值。

佳人芳泽润古端

历史上名女、才女、美女用过的遗砚，称为"闺秀砚"，它们是古董砚台收藏中的一个流派分支。我国著名砚台收藏家张中行先生，就开宗明义地说过："赏砚，兴趣扶摇直上，不管别人怎么样，我是止于有闺秀款识的，或者说，有玉楼中人手泽的。"

106. 宋"阿翠像砚"砚背肖像拓片

绿端石虽于北宋已开采并已琢砚，但尚未被世人认识。流散岭南之外往往被误作洮河绿石，一些名人也搞错。故此砚说是"绿玉宋洮河"，然笔者认为要以实物为准，有可能是绿端石砚。

闺秀砚的□□活动，最活跃的是清朝时期。如晚清砚台收藏家□□□，他收藏到一方宋代才女苏翠的遗砚。砚背刻□□□的全身肖像，身段阿娜，倚几侧坐，一手持书卷，一手垂膝上，姿态优美娴雅（见附图106）。左上方□□"咸淳辛未阿翠"，咸淳辛未年即1271年，南宋度宗七年。更难得的是，该砚右侧刻有明末金陵名妓、□尔"秦淮八艳"之首的马湘兰的题记。马湘兰在题记中说该砚为洮河绿石，但后来见过此砚的许多□□□家并无确认。古人常把绿端石误认洮河绿石，故□□□人为该砚可能是绿端砚。此砚的出现，引起当时□□家和文人骚客的哄动，纷纷登门求见，吟诗作□，□□亲切呼为"阿翠像砚"。

　　以批注《红□□》而闻名的□砚斋所藏的脂砚，原也是一方闺秀□，是明代万历年间才子王穉登送给苏州名妓薛素素□一块小端砚。薛素素号素卿，该砚是她调胭脂用的，□背刻王穉登一首五言诗，并"素卿脂研"手迹。

　　散见于□□□古籍上的闺秀砚，还有谢道韫砚、李清照砚、张□□砚、秦良玉砚、叶小鸾砚、柳如是砚等等，但现□□□不知流落何方。倒是当代以鉴藏闺秀砚著称的张□□先生有一方"玉并女史小像砚"。该

107. 清端石坑仔岩"□秀容"款闺秀砚

5.7cm × 5.7cm

该砚盖与砚背之刻名应为女性。以其字迹之力□□柔，拙中藏巧，亦不□流畅，应为端州砚家之闺秀偶一握刀所留芳泽

砚为端溪子石，砚背刻玉并小姐半身像，端庄貌美，下题"玉并女史小像"。据张先生考证，玉并小姐是清末民初的才女，诗词字画无不精通，著有《香珊瑚馆诗词》一集。15岁嫁人为妾，27岁早死。玉并小姐虽不是大名人大美人，但张先生十分珍爱此砚。他在一篇文章中谈到该砚时说："如有同好，持有真名人款识的旧砚叩门而入，言明想交换，其忍痛舍的是高南阜，甚至金冬心，问我同意不同意，我必斩钉截铁答之，曰：'不换！'"

笔者于二十多年的古端砚收藏搜寻中，也有幸觅得一方"江秀容"闺秀砚（附图107）。为清中期麻子坑带原装石盖的小墨注砚。盖面与底背各雕字迹相同的"江秀容"款识。虽无雕刻女身肖像，但从"秀容"的风俗取名，结字的娟好与流丽，用刀的纤弱与婀娜，风格的脉然与含情，无不透出浓烈馨香的闺阁气息。此砚流落端州民间，当为端州古代书香门第一女子所用。而端州为端砚产地，该女子雅兴所致偶一握刀，这是砚乡习俗。能舞文弄墨兼且握刀，也真才女也！此砚，可堪藏也！

"千里之行"古履砚

"履"者，鞋也。以鞋形琢砚，最早出现在五代至初宋时，并一直流行至明清。南宋民族英雄文天祥使用过这种砚并刻铭镌名，即现藏台湾故宫博物院的著名的"玉带生"端溪子石砚，是一方单履砚。古履砚的形制，除了单履砚外，还有双履砚和夫妻双履砚。

单履砚是指形态狭长、砚体作单只鞋履的砚式。双履砚是在砚面分左右雕成两方鞋履样式的砚台，各有砚堂和砚池（见图108~110），古人常用其中的一方磨墨，另一方磨朱砂等；也可以一方

108．五代至宋初端石单履砚

16.9cm × 8.7cm

该砚前窄(8.3cm)后宽(9cm)，平底薄身，浅池板堂，四侧下敛，是为晚唐向宋初过渡之五代端砚典型特征。特征典型者，颇不易得。

109. 宋末至元端石双履砚
24.2cm × 22.9cm

磨浓墨，另一方履炎墨。有的双履砚可左右分离，成为对砚，这种对砚的形式一直传至后世，甚至演变为一块佳石一剖为二，成为石品花纹左右对称的纯欣赏性对砚，有约石质优美勾蝶翅等。

夫妻双履砚，是宋代双履砚传至明代的一个新砚式。雕在砚面上石的两方履样砚呈一长一短，左边代表男方的为一只长履，右边代表女方为一只短履，多为石质较好的老坑小砚（图111），有夫妻同偕（鞋）到老的吉祥寓意。而整个古履砚品式，古人皆寓以"千里之行，始于足下"、"不积跬步，无以至千里"，以脚踏实地、奋发向前的精神互勉。

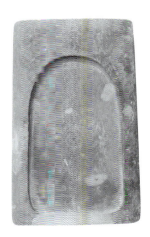

110. 方宋端石单履砚
9.0cm × 11.6cm

111. 明嘉万时期端石坑仔岩夫妻双履砚
10.1cm × 5.9cm

岳飞砚的流传与散失

南宋民族英雄岳飞使用过的端砚，目前仅见清代邹安《广仓砚录》中的一帧拓片。该拓片经当代著名端砚研究专家刘演良先生剪辑处理（附图112），并经刘演良先生研究得知其曲折坎坷的流传收藏故事，令人感叹！

岳飞在历史上是文武双全的抗金名将，不仅以战功名垂青史，还以一阕《满江红》唱绝古今。其砚铭"持坚守白，不磷不缁"，正是他伟大一生磊落襟怀的写照。砚铭雄豪沉健，运笔如雷电霹雳，体现了他生前气吞胡虏、还我山河的壮烈情怀。岳飞被害约100多年后，这块端砚流落到南宋末抗元名臣谢枋得手中。谢枋得（1226~1289），江西弋阳人，字君直，号叠山，宋理宗宝祐年间进士。宋亡，誓不降元绝食而死。谢枋得是根据家藏岳飞墨迹，与端砚上的铭字

112. 宋岳飞砚铭文拓片

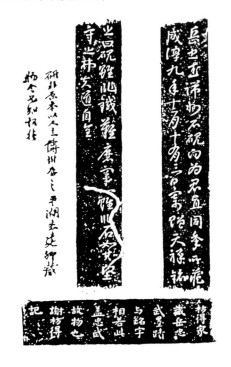

相符，而将□□□定为岳飞遗物的。他在砚侧镌上楷书小记："□□家藏岳忠武墨迹，与铭字相若，此盖忠武故物已□枋得记。"南宋咸淳九年，谢枋得将岳飞砚寄赠□□名将文天祥。文天祥十分珍视，在该砚两侧□□□镌铭："岳忠武端州石砚向为君直同年收藏，□□年十二月十有三日寄赠。天祥铭之曰：砚星非□□磨穿，心虽非石如其坚，守之弗失道自全。"

至此，□□□砚凝聚了三位民族英雄的丹心赤胆、浩然正气□□正了三位民族英雄可歌可泣的感人故事。仅止于此，该砚已是中华奇珍了。而文天祥之后，此砚继□□□多个名士大家之手，为它锦上添花。明末大书画家□□昌曾收藏过它，在砚的下侧留下铭文"玄赏斋□□"。清初为平湖朱建卿所藏。清康熙年间转到鉴赏家□□主人宋荦手里。其间大学问家朱彝尊在砚上留下□□："康熙壬子二月四日朱彝尊观于西陂主人"。半个世纪后又有良常王澍题记："雍正八年夏六月十有□□良常王澍拜观"。清道光元年，东阳令陈海楼于都门□□上得之。清光绪甲午年，为状元吴鲁任安徽督学□□得。吴鲁是福建晋江钱塘村人，是目前所知岳飞砚□最后一位藏家。

吴鲁在其《正气研斋文稿》中记述："余家藏正气砚，为岳忠武□□……三公（按：指岳飞、谢枋得、文天祥）皆宋室□臣，得乾坤之正气者也，旧藏商丘宋漫堂（按：西陂主人宋荦号漫堂）先生家，因名之曰正气砚。甲午□余得之皖南，如获重宝。"吴鲁死后，岳飞砚由在老家□儿子吴钟善保存。吴钟善将其书斋改为"守砚庵"，他在《守砚庵记》一文中也记述道："先君尝得岳□公遗视于皖南……旧藏商丘宋氏，以正气名其砚□君因以名其斋。钟善编次先君遗文，又以正气研斋名其集，示先君遗志也。其石则端州产也，纵九寸有□□形圆而椭。"吴钟善于30年代病逝，岳飞砚由在家□□子旭森收藏。1966年"文革"爆发，

守硯庵文集卷三　　廿四

物者吾知其不可一二數斯雖琳琅球璧世嘗以為希世珍者誠不足喻其為寶也其或遇之必再拜而後敢仰視盥而後敢撫摩敦遏之情其固有不可造次者矣彼主而有之者又嘗何如哉昔者先君嘗得岳忠武公遺硯於皖南其銘曰持堅守白不磷不緇臺山謝公嘗得之以為與所藏忠武墨蹟相類定為忠武故物以咸淳九年十二月寄贈文山文公文公復銘之曰硯雖非鐵難磨穿心雖非石如其堅守而勿失道自全舊藏商邱宋氏以正氣名其硯先君因以名其齋善編次先君遺文又以正氣研齋名其集亦先君遺志也其石則端州產也縱九十有奇形圓而橢下廣而上略狹瑩然而澤其背溫然而焦崇而知其出乎數百年以前也夫物之塊然而無知也必託於人焉以傳而其人固有古人傳世之物彼主而有之者矣鍾善之不肖於先君之學未能紹述一二而獨守斯硯之不如物之足重者矣也祇益以為愧也與发命兒子普霖拓而裝之弁書之為記既以自警且以謝斯硯之辱焉

洪禹川先生五十壽詩序

吴氏一门被强加以"漏划地主"罪名,家中财物被洗劫一空,岳飞砚从此下落不明。

　　以上岳飞砚的遭际,刘演良先生在其《端砚全书》中已略备其详。1994年9月《端砚全书》在香港出版发行,同时在天地图书馆举办"中国端砚展",竟引出了一位详细掌握家藏岳飞砚资料的吴氏后人。吴钟善有四子:普霖、旭霖、和霖、儒霖。普霖次子吴紫栋目前供职于香港天德参行有限公司,当时下班顺道前往参观刘演良先生主持的中国端砚展,选购了一方老坑砚,浏览了《端砚全书》。他看到刘先生书中专题介绍的岳飞砚和历代名士及其先哲珍藏岳飞砚的事,十分高兴,立即购买50本《端砚全书》邮寄晋江老家,第二天又购买几十本分赠亲友。几次约见刘演良先生,并将其祖父吴钟善家藏之《守砚庵文集》、《守砚庵诗稿》等珍贵资料寄呈与刘先生。当与刘先生谈到岳飞砚的散失和至今下落不明时，吴紫栋先生悲痛不已。

近日，笔者目阅上海人民出版社《中国民间收藏集锦》，又悉亥三三编、曾亲到福建晋江采访吴鲁后人的著名收藏家朱鹏先生，也为这方岳飞"正气砚"撰文《英雄们未住的"正气砚"》。朱先生在文中对岳飞砚的下落记载了一个传闻："……当时曾有人说，被一个红卫兵带了外省，现在美国；也有说，已经到了日本。"令人痛心的是，又一件国宝流落海外。但又同时说明，这方岳飞砚在"文革"那个疯狂的年代，并没有被销毁。只要宝砚还在人间，我们企盼终有一日回到炎黄子孙的手里。

附：端山上的古砚坑群

谢恩恩

走过蜿蜒而上的崎岖小道，攀过乱石参差的陡峭山坡，苍紫细云影从山上倾流而来，在脚下延伸而去，这是苍翠破碎的坑仔岩砚石，这是海拔904米的端山的西麓。我们一行人正向着坑仔岩的方向进发，端山迷离的云影引领着我们。

端山，就是端砚之乡广东肇庆市市郊的斧柯山，端砚的产地。清计景日珍《砚坑述》说"砚山名为斧柯，其山端正又名端山。"或许端州和端溪之名亦与此有关吧。"端溪之砚之坑凡一有一"，其实除老坑岩，即水岩洞是在端山山脚，距端溪入河口甚近，并洞穴深延西江河底。其他众多的端砚坑种却是分布在端溪水畔，与端溪一同绵延在端山山脉之上。坑仔岩，就位于水岩洞口上方的半山上。

未到坑洞洞口，先看到了洞口门前的工棚：竹木搭成，简单简陋，已没人居住了，只是供人临时歇歇脚。工棚附近的石堆上两个工人正在挑拣砚石，准备装入竹箕用扁担挑运下山。坑仔岩砚石中甚多最名贵

的石品：石眼。坑仔岩的石眼多是最好的鸲鹆眼，晴晕分明，晕可多达十几层。而在砚工竹箕的石料堆里，我也看到了一些小小的圆润的石眼，即使未经打磨仍能辨出四、五层眼晕，这是其他坑种砚石所不及的。

坑仔岩风景极美，在洞口临风而立，右方是波涛滚滚的西江，这一侧的端山，那一侧的高峡山，苍苍茫茫而连绵不断的山岭随着西江一同起伏流去，仿佛一曲来自远古的缥缈悠长的箫乐，仿佛是端山那久远迷人又有着淡淡惆怅的传说。

距坑仔岩一、二山头的险峻山巅上是古塔岩。古塔岩石质也颇润泽，深紫微带红褐，可惜早已绝产了，我们只能远眺到山巅苍绿中显出灰紫乱石的遗址。

沿着山道再往大山深处约6公里，站在溯源而上的端溪旁的山径上，仰望高高的端山山崖，整个山崖从低到高错落分布着宣德岩、端溪绿端、朝天岩、冚（音：嵌）罗蕉、麻子坑等各种砚坑。宣德岩在山腰之上，朝天岩位于端溪绿端之上，麻子坑以下，其"产石易与水岩混"；而与朝天岩相距不远，几乎同一高度的冚罗蕉则有着蕉叶纹理般的独特石品，在那高处，在朝天岩、冚罗蕉之上，就是麻子坑。

麻子坑为乾隆年间一位叫陈麻子的人所开，石质细滑致密，石品斑斓。清人何传瑶《宝砚堂砚辩》就描述了麻坑石"多织席纹，缕缕相续，直而不曲"的特征。当年的麻子坑洞已材尽不取，目前在开采的是毗邻的新的麻子坑洞。坑洞前的山径十分陡峭险峻，有"天梯"之称，又是雨后，麻子坑是真正"踏天磨刀割紫云"的地方。

想起古人曾对端山描述曰"山多飞石，弗论昼夜，时有石自空飞来，击落有声，不知所解，或云山魈为之"，不由得抬头四望，耳边隐约传来的，却是小木屋内收音机轻扬的当代流行歌的明快曲调，身边是端山轻轻起伏着的无边绿影，心里便感觉溪流般欢快而悠然了。

肆 雄浑粗放元明砚

端砚文化 留痕为镜

元明两代，端砚文化基本上保持了稳定的兴盛与发展。元代大书画家赵孟頫，题端溪八骏砚曰："马肝润带苍溪色，电眼涵明碧涧泉。"可与唐褚遂良题端溪石渠砚的砚铭比肩。宋元朝代更替之后社会生产走向发展，重新营造了浓厚的文化氛围，以至于"只识弯弓射大雕"的成吉思汗的子孙们，也以端砚为礼品来激励大臣。清陈梦雷等编《字学典·砚部二》"砚笺纪事"载："元史张思明传……思明戍兵开屯，边境乃安……帝劳以端砚。"其后明代开国功臣刘伯温，曾有端砚题铭："端山片石，玉质金声……染翰分胎文明，润厥色兮兆太平。"端砚与端砚文化在繁荣时代文化方面功不可没。

明代著名理学家陈献章的《过端溪砚坑》诗"峡雾锁断端溪水，白鹤群飞峡山紫"，和精炼简洁的端溪云龙砚铭"习乎"，再度掀起了沉寂一时的端砚诗铭歌赋的热潮。随后，祝允明的"老坑石静而寿，所毫翥久耐久"，文征明的"端溪之英，石之精寿"，徐贲的"端石之佳，生于水涯"，毛子晋的"得之不易，藏之为宝"，程敏政的"彼美端溪石，家藏岁月多"等，与前代一样，相当多的文化名人都有赞美端砚的诗铭。

元明砚著与为合生的，也论及端石之外的其他砚种，但多以端石为首论，正如明代张应文所说："今时论砚，率首重端矣。"其中较著名的有：宋末元初周密《云烟过眼录》，"砚山"形制之名首见于此著，并述及米芾砚山下落；元末明初陶宗仪的《辍耕录》，首载"砚山"式样图；明人高濂《遵生八笺》首述端石亦有"砚山"形

114. 元代早中期端溪狮子戏球砚

20.4cm × 18.8cm × 3.7cm

以整块片状端溪石琢制而成。砚额立雕一只彪悍的戏球雄狮，大脸隆鼻，如意头鼻，双眼凸出，如闻狮吼等为其时代特征，很有元代盛极时的霸主雄风。较罕。

115. 明代早期端石辟邪砚
24.8cm × 21.2cm × 4.6cm

以整块扁状端溪子石随形琢制而成，较为厚重。砚堂落潮处雕一独角辟邪瑞兽，瘦身修长，承继宋人风意。而兽头彪猛气势压人，为洪武永乐时期的典型特征，亦颇有开国盛世的遗韵。

制，并载一批新见砚式名称；明人屠隆《考槃余事》首列"朱砚"专条，述"用白端亦可"；明初曹昭《古砚论》等等。这些论著，皆有其出新之处。凡此留痕，于鉴砚皆可为镜。

雄豪稀有元端砚

元明两代的端砚风格均显浑厚粗犷。元代在此大风格之下多见雄豪，明代中期之后而凸现雅重。元代端砚流传较稀，缘其立国时间太短，相比而言是端砚制作的低潮期，故无论传世还是出土的元端砚都不多见。就连洋洋大观的《西清砚谱》，所载元端砚也不过三方，其中一方笔者还认为"似宋石而元制者"。

116. 元初端石如意池砚
17.2cm × 15cm × 3.9cm

117. 元中后期端石如意池砚

22.1cm × 15.4cm × 3.4cm

目前，广东省中山市博物馆藏有一方1986年出土的元代至正年间自葬的圆形端石三足砚，该砚载于广东省博物馆《紫石凝英》。砚额上开一短虹状墨池。台湾故宫博物院也藏有两方，即载于《西清砚谱》中的"元黄公望痂瘟端砚"和"元凝松端砚"。刘演良先生《端溪砚》中也载有"元蛟龙砚"。其他博物馆和砚谱砚著均极少见。且散落古端州及周边城乡的元代端砚，还是可以看到。上述的圆形三足砚，原载《西清砚谱》的抄手式，及海涛蛟龙雕饰和其他纹饰形如鱼形鱼纹，如意云纹或元素无纹，或传承前代的仿古砚式等等，均有发现。总体上说，元代端砚的雕饰形制多沿袭南宋，但大器居多。

元端砚的特殊文饰

元代统治者，原为马背上取天下的蒙古游牧民族，令人称奇的是元代端砚中却有一类海水龙纹砚，砚池琢做波涛汹涌的画面，一龙或二龙翻腾期间，龙头细小，龙嘴上羌，眼突生出长须，海涛很大却无浪花，这是元端砚纹饰的重要特征（见图118、119），其龙纹多为蛟龙和直龙，且传世稍多。此类砚常见只有巴掌大小。若在不善鉴别的旧物摊上，价格比较便宜，

118. 元代端石海寺仙山蛟龙砚

19.6cm × 12.9cm × 2.6cm

在此类海涛蛟龙端砚中，该砚块头较大，但象少见。

119.元代端石俯视海涛 龙头砚

15.7cm × 10.2cm

以俯视角度雕琢浮出水 面的龙头顶部,在历朝历 代端砚琢龙雕饰中,目前 仅见此例。且砚背刻有 "元"字款,虽有砚额伤 残,也较有收藏价值。

120.元代端石虹池三足圆砚

直径19cm 厚3.9cm

三五百元或更便宜一些也可购到。

　　笔者也曾发现一方雕琢虽不起眼但细看之下古意 肃然的元代圆形三足端砚(图120)。该砚直径19厘 米,古朴凝重,墨锈中有朱砂斑痕。砚面平坦无沿,浑 圆如日;砚额一虹形墨池横贯两侧,欲贯穿而未穿。此 构图雕饰被称为"白虹贯日",隐含荆轲刺秦王天命不 遂的典故。《论衡·感虚篇》载:"荆轲为燕太子谋刺 秦王,白虹贯日。"《太平御览》载:"荆轲发后,太子 见虹贯日不彻,曰:'吾事不成矣。'"此砚琢于少数民 族入主中原的元王朝,汉族遗老遗少的那种矛盾与无 奈,借用这一典故表现在砚雕上,这是可以理解的。这 是特殊历史背景下的特殊产物。

磨穿砚堂　难得一见

　　砚台磨穿砚堂,笔者认为不应视作残损,而是一 种极有境界的遗物。事实上,在古砚收藏中,自然磨 穿的古砚十分罕见。这其中可能消耗了一个人的全部 青春和生命,消耗了一个人的所有心智和毅力,无论 成功与失败,都令人欷歔长叹。

121. 元代端石磨穿砚堂抄手砚
27.4cm × 20.2cm × 4.9cm

122. 磨穿砚堂的明代端石鱼池砚
14cm × 10.2cm

图121为元代抄手式端砚，长27.4厘米、宽20.2厘米、厚4.9厘米。砚面琢出瓶纹，瓶口墨池。墨堂已磨穿成洞，洞右侧也磨凹或白。砚背斜下，下端无堵，为宋继南宋的抄手砚式。通体墨锈包浆、风化剥蚀。元代端砚产出不多，磨穿墨堂的更罕。经仔细观穿，破洞是在古人磨墨形成深度凹陷的基础上，流传中被后人磨穿的。总体上可以理解为：这是一方磨穿砚堂的古砚，具备了一种物以稀为贵的收藏价值。恰元代诗人萨都剌有《破砚》诗："古璞何人凿，磨穿后至今。"值得珍视的不仅是这实物，最主要的是其中的精神。

西江"佳肴"嘉鱼砚

西江特产有嘉鱼，是一种嘴尖头小、肉丰味美的河鲜，史载数百年前还独产于西江的羚羊峡。峡内的端溪斧柯山及多处山脉又盛产端砚，文人爱之而"爱屋及乌"，视端砚为三地山川精华所蕴的同时，也视嘉鱼为羚峡灵气所钟，雕琢入砚，镌诗刻铭，多所题咏。

如端砚大藏家黄蒲田，曾题嘉鱼砚铭："嘉鱼独产于砚峡，其可无砚乎？余既知鱼之乐，又喜其可余

123. 元代端石嘉鱼砚
26.7cm × 20.7cm

同嗜，遂镌而玩之，相视而笑，莫逆于心。"清初轮川鉴藏家亦题嘉鱼砚："端溪峡内十里产嘉鱼，味丰而美，出峡即不可得，岂亦端峡余灵所钟耶？偶于砚背写两尾，游泳其上。"还有古人题嘉鱼砚诗："嘉鱼自昔风人咏，游泳端溪十里津。我欲砚池藏一尾，墨云浓处看扬鳞。"笔者多年搜集研究古端砚，所见嘉鱼砚或为一江碧水二三嘉鱼跃浪其中，或整砚为鱼形侧视腹下浪花飞溅。而如附图123所示，为一烹蒸佳肴状的嘉鱼砚，形制独特，十分罕见。笔者曾持此砚询问过渔夫与厨师，皆说所摹制的是清蒸嘉鱼，并解释说，嘉鱼头作鼠状，所摹之鱼确为西江之特产；此鱼身娇肉嫩，侧卧烹蒸常一边太熟而另一边未熟，似此俯卧而蒸两侧鱼肉展开均匀受热，易于掌握火候同时蒸熟，诚高手也。此砚琢于元代中后期，工艺稍粗，但气韵古拙，砚石天然，用刀简洁，予人自然浑成之感。作为古砚藏品，对研究端砚艺术的演变，探寻地方风物，窥视当时文房士人的精神风貌，有一定的价值。

绝产之珍宣德岩

元代国祚较短，前后又改朝换代动荡不安，砚坑基本仍沿用前代诸坑。但进入明永宣盛世年代，端砚又增一名坑"宣德岩"，或称"宣德坑"，因开坑于宣

124. 作者（右）与陈□□在已绝产的宣德岩坑洞

德年间得名。这是端砚□上第一个，也是唯一一个有绝产明确记载□现坑。

端砚自初□问世以来，开采砚石的砚坑历代都有兴废。如宋人□越砚著□所载的龙岩，唐代已经开始开采，而宋代□该岩坑就不复采了。

除叶樾《□溪砚谱□以外的其他宋元砚著中，不再见有端砚坑"不复取"或枯竭绝产的记载。但一个坑种内旧矿洞□材枯竭，于附近发现新矿脉开凿新矿洞，所采石材□贡上与旧矿洞同属一个坑种的，□从南宋后期一直□者明人的砚著。如南宋末赵希鹄的《洞天清录》，□引"端溪中岩旧新坑"述："端溪□岩旧坑石色紫……今此坑□之亦竭。中岩新坑色淡□。"但这并不是说□个坑种已枯竭绝产。正如开坑于清乾隆年间的麻子□，至上□纪80年代中后期，原坑洞砚材的矿脉已枯□，在附近却找寻到新的矿脉重新盲洞开采，所采石□贡量上毫不逊于旧洞，仍是正宗白麻子坑，并一直□石至今。故这种现象应与坑种的□竭绝产区别开来。

明末清初□砚学家曹溶，在端砚史上首次明□记载了一个端溪□坑的绝产，就是宣德岩坑的绝产。他在其《砚录》中述："宣德坑石，深紫色，坚细，发墨，为山坑中上品，可与水坑作中驷。今此坑搜□已罄，绝不可得，惟收藏家偶一有之。"这为后来历代

125. 明代□石宣德岩随形砚
13.9cm × □8cm

126. 清代端石宣德岩果蔓砚
11.7cm × 8.4cm

砚学家所证实。如清中期何传瑶《宝砚堂砚辨》述："宣德岩……亦端石之佳品也，然此岩搜采已罄，博识诸老犹艳称之，瑶亦幸获见之。"

上世纪末，笔者曾两次溯端溪而上，实地勘查了宣德岩坑。该坑位于从端溪水口往南上溯深入约五公里的斧柯山崇山峻岭的山腰之上。实地勘查表明，宣德岩坑也如绝大多数的端砚坑一样有多个采石开凿的矿洞，证明古人曾努力寻找矿脉，但矿洞均较浅短，洞深不过数米。个别洞内有坍塌的痕迹，可作砚材的石层短窄，石多断脉，逾掌大石材已不易得，作为一个坑种的资源确已采竭。笔者实地采回的宣德岩坑石样标本，已送肇庆端砚陈列馆陈列展出。以勘查所得资料和石样标本，笔者于古端砚中甄别出一些宣德岩坑的遗砚。其中如附图126的雕果蔓宣德岩端砚，石色深紫中呈黑褐，大不盈掌。从形制雕工风格以及墨锈包浆等分析，是为清初康熙朝之物。砚池落潮处浮雕一丛藤蔓野果，粗犷而不失精巧，体现出了康熙时期工艺品所共有的典雅豪放的风格。还需重视的是，甄别出来的宣德岩遗砚，均没有清中期以后的风格特征，故宣德岩坑绝产的时间应在明末清初，或更早一些。

价值不菲白端砚

白端砚石色洁白如雪，莹润如玉，在以紫色为主调的端砚家族中，别具一格，令收藏家们梦寐以求。但因为它产自端州著名的风景区七星岩，历代禁采岩石，故琢制极少，传世极稀。又因全国各地出产的白石砚台很多，相似相近者难以鉴别，故也增添了几分神秘难寻的感觉。

按端州琢砚老艺人的说法，古端州七星岩白端石砚台的琢制始于宋代。但根据古端州一带流散的明代遗砚和明清砚著的记载，白端砚的出现目前还只能暂

127. 明代白端石四足如意池砚
27.3cm × 20.7cm × 7.9cm

128. 明代白端石抄手砚
16.3cm × 8.6cm × 3.2cm

定于明代。如明人屠隆《考槃余事》首现"白端"之名："朱砚……亦用白端亦可。"明人高濂《遵生八笺》亦载："或用白端石为朱砚者。"所谓朱砚，是专门用于研磨朱砂等颜料的砚台，多取白石为之，以求红等彩色易显也。此与采清人陈龄《端石拟》或："七星岩，在郡东北六里……产石名白端，色白如雪，作朱砚最佳。"稍晚的江辰《端砚记》表述得更清楚："白端石，肇庆府七星岩石也，石理细润而坚，不发墨。工人琢为朱砚，及几案盘盂之类。"对白端石历代皆有指素采。如明万历己亥年，于七星岩之石室岩最显眼的地方，由总督戴耀亲拟定，副使李开芳手书的"岩石勿伐，泽梁无禁"以高3米、宽1.64米的大字凿刻于岩壁之上，显然是要压制当时七星岩白端石的采掘行为。但以明代白端遗砚分析，白端的采琢也不是明万历才出现。如附图127，这是一方四足如意池白端砚，长27.3厘米、宽20.7厘米、高7.9厘米。其体厚硕大，四足厚重，以及墨池的如意古形，砚侧的夔龙卷草纹饰，是较典型的尚存元代遗风的明早期风格。明代白端除了遗砚，尚可见白端文房制品如笔洗水盂等。但明代白端砚遗物总体上并不多见。拍卖会零有其迹，民间偶见，也残损者居多，一般博物馆也甚少收藏。故其品完美者令收藏家们趋之若鹜，其价价格也自然不菲，几乎和同时代之老坑（水岩）差不多。

"天砚"与"随形"

129. 端溪老坑子石天砚

16.5cm × 10.6cm × 3.7cm

笔者于老坑洞前端溪水中，选取子石之"自然平整者"，得之亦"不加斧凿"，意效东坡之"天砚"。是耶？非耶？该石紫中略带宝蓝，细润软嫩，叩击作木声，水中可见蛤肚青花、鱼脑碎冻、金银线等。应为古人于老坑所采石料而遗落端溪，经千数百年水土沙石磨砺而成此天砚之形。

130. 现代端石子料仿宋"天砚"

左：20.8cm × 18.1cm × 4.6cm
右：16.2cm × 12.9cm × 3.9cm

此为笔者与制砚名师陈金明亲至斧柯山东麓溪涧，寻觅所选的两方天然金银线斑子石。由笔者参照宋叶樾《端溪砚谱》"天砚"之义设计，嘱金明兄执刀稍加削磨，一仅出墨堂，另一墨堂墨池俱出，亦意为天砚。

明代端砚无论传世还是民间出土都较多，大多数博物馆及私人砚藏家均有收藏。可以说，明代端砚的形制样式虽未能跳出宋砚的法度，但也承前启后，尽其所能，巧作变化。例如宋端砚中的"天砚"，叶樾《端溪砚谱》和高似孙《砚笺》均有载。叶樾还加了注："东坡尝得石，不加斧凿以为砚，后人寻岩石自然平整者效之。"但无论考古出土的还是流传的，目前均未发现过宋端石天砚。笔者收藏古端砚二十余年，虽然也碰到过一二方卵石状古端砚，但既无斧凿痕迹，又无铭文雕饰，石面磨墨处也无时代人工遗痕，确实也很难鉴别真伪。比较可信的，还是《西清砚谱》著录的现藏台湾故宫博物院的"宋端溪天然子石砚"。其原方端溪子石，但受墨处仍稍加磨平修饰，而墨池为天然石品"虫蛀"，混然而成一天砚。明代端砚艺人当然知道宋代天砚之法度，知道难以逾越，但他们富于智慧地从天砚中抓取了"自然"，而巧变为"随形"，即随形而制，因石构图，以巧施艺，节省石材。故明代端砚中有很多都是随形砚，在砚谱中不以"随形"命名的明代端砚，其实不少也是随形砚。例如，以天津艺术博物馆所编《中国历代名砚拓谱》，不仅目录

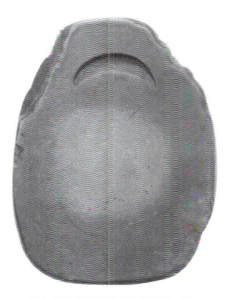

131．明代端石□□形老坑新月池八砚
9.1cm × 6.6cm

132．明端石长方曲水砚
13.1cm × 8.7cm

此曲水砚式是将宋石□□墨
池位变一圆觔，径□□□成
渠以流觞也。此形□□□于
明清，有说是宋□□□砚
式，然于古端砚中□□□到
宋代实物。

中的"明随形□砚"□明是随形，就是不以"隆
形"取名的"明梅花□砚"、"肤寸云端砚"亦是
随形端砚，不□是以□饰或铭文取名而已。又如
广东省博物馆□藏，□于《紫石凝英》的陈献章
"龙虎斗端砚"也是一方随形。北京首都博物
馆《首都博物馆藏砚》中所载惟一一方"眉
月池端石砚"也是随□砚。只是它们的随形和修
饰程度不同而已，总□上是在原石才形状的基础
上稍加修整，□留其□然状态。这种并不刻意把
石材规整成□□或圆□形状的随形砚，不仅给人
一种新颖活泼、生意□然的感觉，在端砚声价□
隆而砚石开采有限的□况下，确实有着珍惜资源
的作用。甚至□以说□是端砚工艺上的革命，对
后世影响极大。不但□清之后随形砚在端砚形□
中占了更大比□，在□代端砚生产中已成为砚式
的主流。

诗情画意之特写雕饰

　　明代端砚的雕饰，在题材内容和表现技法上也比前代拓宽了思路，出现了富于诗情画意的特写般的雕刻画面。或利用随形砚凸起的一角雕为风雨芭蕉（附图133）或一桠老梅新枝，或配合自然砚形把墨池琢为舒卷流云（附图134、135），或兀然于墨池之中突现狰狞龙头（附图136），或于落潮坡上浮雕三两舐犊水牛。刀法也较多变，或通雕透雕，或立体圆雕，或薄意微雕。有的还以线刻于砚背表现人物肖像，如著名的"东坡笠屐端砚"。但是明代端砚可能受同时代其他工艺品的影响，如陶瓷玉器等均觉粗疏大笨，故有"粗大明"之说，而明端砚在总体上也给人这样的感觉，不够精致与精巧，甚至有些砚背复手的斧凿刀痕也不磨平打滑。这与宋代的一丝不苟和后来入清的精雕细刻，形成较大的反差，从而也成为鉴别明端砚的一个比较重要的依据。

133. 明代端石随形风雨芭蕉小砚
10.1cm × 6cm

134. 明代端石老松新枝云池砚
15.2cm × 12.9cm

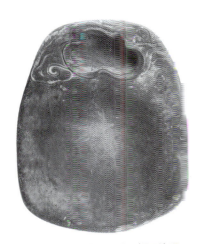

135. 明代端石云考云舒云池砚
15.9cm × 12.2cm

136. 明代端石神龙见首砚
13.4cm × 9.1cm

古端奇品——砚山

砚台中，有一种酷似山石盆景或奇石的古老砚式——砚山。明清砚学家认为其始自北宋米芾曾经收藏的、据说是南唐砚务官李少微所造的群峰山形石砚。但据目前考古资料反映，砚山式可早至唐前期的三彩

137. 明代端石灌木丛林砚山
17.1cm × 12.8cm × 3.6cm

138. 清代端石老坑小砚山

11.6cm × 11.3cm × 7.5cm

釉陶山峰形陶砚，甚至还溯源于西汉灰陶的十二峰陶砚。但对端砚而言，砚山形制是从明代仿制米芾砚山才出现的。明代砚学家高濂在《论砚》中述："砚山始自米南宫，以南唐宝石为之，图载《辍耕录》，后即效之……以新应石、肇庆石、燕石，加以斧凿修琢岩簇，摩弄莹滑，名曰砚山，观亦可爱。"广东肇庆于宋徽宗之前称端州，肇庆石即端石。以端石雕琢砚山，高濂也认为相当可爱。然而砚山传世极罕，端石砚山更是寥若晨星。究其原因，可能是古人一方面认为，制作砚山适宜采用有峰峦百态的灵璧石等奇石，但奇石却既不发墨又损笔毫，不宜做砚，只偶尔为之供赏玩而已；另一方面，虽然知道端砚发墨益毫为众砚之冠，但难采价昂，惜材如金，琢砚山却耗资又耗材，且不易雕琢，也只能偶尔为之。即使在拥有1300多年端砚史的古端州，像附图137与138那样的明清端砚砚山，也属凤毛麟角。

如清代端石老坑小砚山仅如拳大，长11.6厘米、宽11.3厘米、高7.5厘米，呈一山崖状。山顶断崖处一老松，枝叶盘曲成峰。老松前一平地，亦可意会为山塘小湖，即砚山的墨堂。整座砚山虽小，却有幽深层峦别有一峰的气象。更珍贵的是，该砚山用端砚第一名坑老坑亦即水岩石材所琢，墨堂石中又有十分名贵的微尘青花。清初文学家朱竹宅，曾赞美端砚的水岩砚材与青花石品曰："得水岩而诸山之石可废，得青花兼鸲鹆眼者而诸品又可废矣。"如此上佳石质石品，与奇特稀罕的砚式结合在一起，可谓珍中之珍。

砚山式在古端砚中虽属稀罕，但在现代肇庆端砚生产中是保留的传统砚式。特别是上世纪80年代在斧柯山东麓开采出石质上乘的绿端以来，砚山多以带黄褐色石皮的绿端琢制，俏色巧琢，工艺创新，形制也较大，有如黄山翠峰（附图207），是端砚收藏者的新宠。

古人有诗："砚山不易见，移得小翠峰。"

墨海与墨注

"墨海"一词,首见于北宋初砚学家苏易简的《文房四谱》:"昔黄帝得玉一纽,治为墨海焉,其上篆文曰帝鸿氏之砚。"宋人苏轼俱亦有诗:"帝鸿墨海世不见,近爱端溪青紫砚。"此时期的"墨海",是作为砚的一个别称而出现的,并不专指贮存墨汁的容器。从苏易简用"纽"字,也可知宋时墨海还不是专指那些又大又深,像近现代大玉斗打端砚般的古砚。从考古出土和传世的古砚实物看,两宋时期尚未发现小似钵、大如盆,专用来贮存墨汁的石制容器或类似砚式。这种为方便书写大字而贮存墨汁的容器"墨海",目前所见实物尚未有三于明初的,而其流行则在康乾盛世之后。

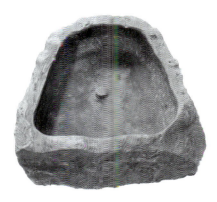

139. 明初端石北岭梅花坑多眼大墨海
30.3cm × 24cm × 9.7cm
以整块头北岭梅花坑端石琢成,内外有千数颗石眼,膛中有一眼柱。纯素雕石不致,古拙。甚罕。

140. 清中后期端石宋线岩坑暗八仙大墨海
36.2cm × 36.9cm × 7.1cm

141. 清中后期端石短颈流墨注砚
直径10.1cm 厚4.1cm

据明代周晖《金陵琐事》及清人陈云瞻《簪云楼杂说》等载,明太祖朱元璋开国大庆,即"除夕传旨,公卿士庶门上,须加春联一副。"首开先河把"桃符"改用红纸书写春联张贴。从朝廷公卿至普通百姓千家万户书写大字春联,以一般砚台磨墨当然不足供用,于是就产生了贮存墨汁的容器"墨海"和配套使用的磨墨取汁注进墨海的墨注砚。明代中前期的石刻墨海比较粗笨古拙。清代的墨海趋于轻巧,且精雕细刻,腹壁较薄,相对块头较小重量也轻。清代除砚石制作的墨海,常见的还有陶瓷墨海。在岭南多为佛山石湾窑烧制,亦如钵如盆,实用价廉,民间易于接受,故其遗传也较多。而端石制墨海或许因为耗料价昂,使用者稀,清代的遗传已属稀少,明代的就更是罕见了,有关这种墨汁容器的墨海记载也不多。清代翟灏的《通俗编》"器用"述:"今书大字用墨多,则以瓦盆磨之,谓其盆曰墨海。"但岭南传世和出土的陶瓷墨海及端石墨海,尚未发现有磨墨的痕迹。

墨注砚,清代纪晓岚《阅微草堂砚谱》有载,为葫芦形制,以葫芦瓜蒂一端为注嘴,并留铭曰:"余以意造墨注……后得此砚,与余所造无异。闭门造车，出门合辙，信夫。"壬子有铭句："工于蓄聚，不吝于把。"由此我们知道，由于蓄聚墨汁的需要，纪晓岚虽然尚未见过前人之墨注，却也能按其中道理，自造出既可蓄墨又可注的墨注砚来。根据此墨注砚的葫芦样式，可见手头是明代嘉万时期所制的古物。同时还可窥知，在纪晓岚的清中期之前，墨注砚的使用尚未普遍，而流行之后的墨注砚，在岭南遗传较多，特别在端砚产地一带，流散民间的清中后期端石墨注砚常可见到，其主要特征是：形制扁圆或扁方，砚沿外侧有流嘴，砚膛深凹不分墨堂和墨池，有盖。岭南端石墨注砚的流嘴常见有两种：一是凸出的短颈状壶附于砚身底部，整个形制扁圆有点像壶，短颈流与砚身是同一石体琢出；另一种是外方内圆利用砚堂夹角钻孔当一个隐蔽流嘴，流嘴并不突出于体外，扣合上盖后浑然一方形石砚。此两种不同流嘴的墨注砚盛行于清中后期，这与当时对联的应用更加广泛，出现了专以书写对联为业的艺人，需要注入墨汁的墨盒开始流行，有比较直接的关系。此两种墨注砚均一直沿用至民国，到瓶装墨汁的生产问世，才逐渐消隐。

但墨海作为大贮存墨汁的容器并没有同时消隐，在近现代演变定型为钵式，口大底厚既能磨墨又

142. 清中后期端石隐流墨注砚

11.8cm × 11.6cm × 3.8cm

可贮存墨汁的所谓单打砚。一些规格较小的，由于制作简单价格便宜，特别适合学生使用，称之为学生砚。这致使一些古砚收藏者，误将带流嘴的墨注砚也称为学生砚，以为是古时的穷学生所用。还有一些收藏者虽然知道单打砚由古代墨海而来，却又将古端石墨海中那些底薄的，或内膛留有眼柱的，或内膛有立体雕刻的，误作古端石笔洗，这也是需要仔细鉴别的。

刮目相看绿端砚

被誉为紫云紫玉的主流紫色端砚之外，人们最熟悉的也是最喜爱的，要数石色为绿的绿端砚了。如翠绿的雕琢为一段竹节砚，浓绿的雕琢为一泓池塘春草砚，绿中散黄的雕琢为秋山郊野随形砚，令人爱不释手。北宋王安石有诗赞咏绿端："玉堂新样世争传，况是蛮溪绿石镌……久埋瘴雾看犹湿，一取春波洗更鲜。"米芾的《砚史》，也首次将绿端石作为正式的端砚石材："绿石带黄色亦为砚。"可知绿端砚在北宋时就已经出现了，《西清砚谱》即载有"宋绿端兰亭砚"。但宋代绿端实物却极少见到。中国历史博物馆所藏最古绿端为明代蓬莱山图绿端砚，广东省博物馆藏的亦为明代抄手绿端砚。散落端州一带的，宋代绿端砚也只偶然一遇，即使是明清两代的也并不多见，故古绿端亦为古端砚中的珍稀之物。如附图143的明代八棱绿端砚，直径16.5厘米，厚3.2厘米。八棱砚本是唐宋的形制，墨池乳突涵星也是宋砚之风，但从该砚的整体风格、用刀、包浆和风化程度等综合分析，应是明初永宣时期仿宋砚的作品。它虽然崩损伤残了，土埋水泡也减退了表层的石色，但内里仍透出的青葱的绿端原色，依然十分惹人喜爱。

于古端州产出绿端石的主要地点，为北岭山与羚

143. 明代绿端石八棱砚
直径16.5cm　厚3.2cm

羊峡东南端溪斧柯山 其二又比较集中产石的，是北岭山之东冈、小湘、鼎湖山与斧柯山西麓朝天岩端溪水畔一带。以上诸地 于1998年历时半年敖了调查，砚石已基本材尽无取。目前绿端主要产出地是上世纪80年代开发石 立于斧柯山东麓沙浦西岸村前山。砚石呈色青翠，石质细润，比之前代绿端毫不逊色，深受海外收藏家青睐。

绿端砚的投资保值也是令人鼓舞的，特别是绿端古砚。1996年北京翰海春拍一方9寸明代随形雕螭虎绿端砚，成交价2万元人民币。1995年上海朵云轩秋拍一方7寸清夫练端左右铭旧绿端砚，成交价5万元人民币。但绿端古砚产出甚少，有眼光的收藏家且已转趋现代绿端精品。

不见美人见丑蟾

一轮明月，与月中山树嫦娥，或者还有丹桂树日玉兔琼楼殿阁，组成古代工艺品月亮题材的图案。令人十分惊异的是，附图144这方明代古端砚，云缕掩映的圆月中赫然亮相的，竟是一只世人素称"癞蛤蟆"的丑陋的蟾蜍。

其实，蟾蜍与月的关系十分悠久。西汉早期《淮南子·览冥篇》记载了奔月的神话："羿请不死之药于西王母，娥嫦娥窃以奔月。"东汉张衡《灵宪》也载："羿请不死药于西王母，羿妻娥窃以奔月，托身于月，是为蟾蜍。"原来月中的蟾蜍，是漂亮之极的美人嫦娥变的，真有点匪夷所思。不仅如此，后来的月中白兔与桂对吴刚之说，也是由月中蟾蜍演化而来的，亦即由嫦娥演化而来的。

但为何这古端砚艺人，于砚上不雕嫦娥却雕蟾蜍呢？这使笔者想起一古端砚老艺人，他曾经说过端砚雕饰有不雕仕女的古传统。笔者也曾对此做过研究，确实在看到古端砚中尚未发现女性

144. 明代端石月眉蟾蜍砚
20.3cm × 13.2cm × 4.1cm

雕饰。一些著名的古砚谱如《西清砚谱》、《阅微草堂砚谱》、《高凤翰砚史》等，以及现代出版的《首都博物馆馆藏名砚》、天津艺术博物馆《中国历代名砚拓谱》、广东省博物馆与香港中文大学文物馆编古端砚谱《紫石凝英》等等，内中的古端砚也均未见女性雕饰。即使个别古砚的背面刻有某才女的小像，如南宋苏翠像、明末马湘兰像等，也是该砚在流传中砚主后刻的，不是原砚雕饰。

然而，在历代有关端砚的著述中，却未见端砚雕饰不雕妇人仕女的记载。附图这方古端砚，其构图与雕刻风格以及风化包浆，应是明初永乐宣德时期之物。但题材内容似源自北宋苏东坡，题唐代诗人李商隐的紫端蟾蜍砚铭："蟾蜍爬沙到月窟，隐避光明入岩骨。"故后世有"月窟砚"，附图该砚也称月窟砚。从清代林在峨《砚史》所辑当时月窟砚铭："古在骨，秀溢出，蹑天根，探月窟。"可以看出古代月窟砚在题材内容上，皆宗东坡之铭，构图大概一致，亦即皆如附图之砚不见嫦娥见丑蟾。而李商隐原砚如何？历代所载东坡此铭的古籍皆无砚图，故无可印证，但总不逾东坡之铭是为必然。噫！商隐之砚东坡之铭，岂非为不见嫦娥见丑蟾之肇始者欤？美如嫦娥尚且不雕，况凡女尘妇乎？幸而新中国成立以来，此规矩已为新艺人所摈弃，所雕嫦娥佳丽娇艳欲滴呼之欲出矣（附图12）。

小鸾砚、二乔砚与脂砚

据史料载，我国历史上许多美女、才女、名女所使用过的砚台，很多都是四大名砚之首的端砚。名砚佳人，墨香芳泽，两相辉映。然而佳人渺渺遗砚无踪，所载亦多语焉不详，是端非端恐难下断语。唯明代叶小鸾遗砚在清代曾惹动一大班才子文人的哀思，竞相赋诗哀悼，时著名端砚大家、《端溪砚史》作者吴兰修也跻身其中，因比有轻大可信的诗句资料，判断叶小鸾遗砚为端砚。

叶小鸾是千美女，虽不能入选中国古代□大美女，但能入选中国古代一□美人，在《文物图注》的"百美"中排名几十。叶小鸾玉是一代才女，著有《返生香集》《疏香阁词》又是一位才貌双绝的女子，却在17岁即将嫁之之际，便如流星般陨落了。其留下铭刻笔迹手泽之砚，呼为"眉子砚"。这一方端石遗砚，曾两度出现于清代的□□中，两次都引起文人雅士的轰动，并□□成□。清嘉道时梁绍壬《两般秋雨斋》中载苏门□□葆辰□□，其中有"一握端溪□不如，再休想像画眉初"的诗句，据此可以认定叶小鸾"眉子砚"就是端砚。可惜的是，和上一章说的南天同翠像砚、明万万薛素素□□砚一样，也只见记载而遗砚杳然。所以，有关□□□美女、才女和名女之遗砚实物，显得□分珍贵。

如附图145，是明末白端石"二乔"款蛋形砚，在古端砚中实属凤毛麟角。"二乔"是明末广州一位著名歌妓，虽不是享誉全国的美女，但在岭南特别在广州却也尽人皆知。她夭折于崇祯六年，仅活了19岁。

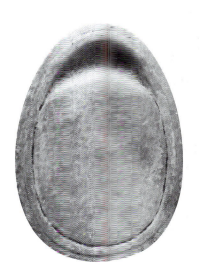

145. 明末白端石"二乔"款蛋形砚及砚背

8.4cm × 4.9cm

二乔姓张名乔，幼读"铜雀春深锁二乔"句心有所触，故号"二乔"。极神仙体态，于琴棋书画诗词歌赋无所不通。喜结交爱国志士，时陈子壮（"南明三忠"之一）重结南园诗社，二乔亦常赴雅集。此砚于上世纪末藏主得之于粤中高明，高明正是陈子壮当年抗清牺牲之地，也不知此砚与陈子壮可有渊源？该砚大小与素素脂砚相近，也依稀"旧脂犹存"，且胭脂之红已渗入白端肌理，如出土古玉之沁色。

其实，若非其旧脂犹存，或如素素砚一样有"素卿脂砚"类铭刻，很难界定是否为女子之脂砚的。如此大小而墨锈沉积，分明是用于磨墨的古代行旅小端砚，并不难见到。而且还有磨朱砂彩墨之朱砚，也要区别开来。甚至一些比较典型的，如附图146右边的明末清初端石微型脂砚，其砚堂之小已不能磨墨只可调胭脂，但仍不能忽略其也可为写蝇头小楷的笔掭。若非细辨其砚面之残红，还是不能定其为脂砚的。这是笔者目前见到的，最小巧但雕工不俗的古代端石（小湘坑）微型脂砚。

146. 明末清初小湘坑微型脂砚

5.5cm × 3.6cm

附：如雪如玉的"白海棠"

谢恩恩

清雅娇嫩的海棠花历来深受我国人民喜爱，古人不但用诗词赞美海棠，还把海棠花的姿态抽象化地用于瓶、盘、洗等器物的形制纹饰中。就它们器型而言，海棠样式的大致有两种，最常见的一种为四瓣海棠花式；另一种则是除了四个主瓣外还有小花瓣的多瓣海棠花式。

海棠式器皿大约在唐代就已经出现，如唐代越窑的青瓷海棠式大碗。而在文房用具中，最多见的海棠式器物就是笔洗。海棠式笔洗最早产生约在北宋时期，著名的海棠式邢窑白釉笔洗、海棠式钧釉笔洗就是这种典型器。除了笔洗，古代砚台的设计也常常有

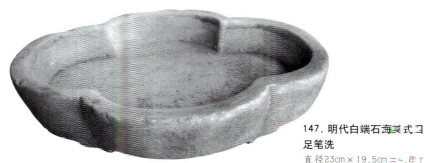

147. 明代白端石海棠式口足笔洗

直径23cm×19.5cm高4.8厘

海棠花的影子，明清两代端砚的墨池就常雕作剪影般的四瓣海棠花式。但是直接以端砚石材制作的海棠式笔洗很少。如附图147这件用端砚石中最独特的白端石料雕制白海棠式更是罕见。

这件白端石海棠笔洗，长23厘米，宽近20厘米，高4厘米，下有三小足。它的形制简洁，线条流畅，整体造型端庄典雅，具有非常典型的工艺风格，当为万历时期的作品。端砚石以紫色为主调，但这件笔洗却以整块白端石料雕成，通体洁白如雪，分外惹人喜爱。白端石产于肇庆市著名风景区七星岩，由于历代禁采岩石，古代白端石制作的器物遗传很少，被后世藏家视为奇珍。白端石莹润如玉、质地细腻滑嫩，可作研磨朱砂等国画颜料的工具，也可制作文房用具、仙佛造像等器物。

据明末清初屈大均在《广东新语》记载，当时肇庆砚乡有逾千居民以采白端为生。但是到了今天，出自此时期的白端器物已很难找到。像这样保存完美，形制优美而大气的出自明万历的白端海棠笔洗更是十分珍罕，可遇不可求。

附：白端寻踪画图中

谢恩恩

九月，岭南的秋晴，柔和的碧空下，是四顾苍绿浓郁的茂盛天，下方是湖盈盈闪烁着的明媚眸光，

148．肇庆七星岩之玉屏岩
白端遗址叮咚井

身畔的岩石如云如玉般温润洁白。这里是待月台，肇庆市七星岩风景区内的玉屏岩近山巅之处。因状如屏风、岩石如玉而得名的玉屏岩是白端砚石的正宗产地。

端砚以紫色为主调，有"紫云一握胜千金"之说，玉雪般洁白的白端砚石在这大片"紫云"笼罩下更显得卓然出尘。与一般用作磨墨的端砚不同，白端最多做的是专用于研磨朱砂等彩墨颜料的砚台。肇庆古称端州，据当地的制砚老艺人传说，早在宋代时七星岩白端岩石就用作制作砚台了。但一方白端砚台并不易得。由于白端石产自历代禁采岩石的七星岩风景区，因此白端石琢制的砚台少，传世也稀。收藏家视为入藏至宝，梦寐以求，价格不菲。

风来，袅袅娜娜的烟雾从下方的庙宇升腾而起，如幻如诗。待月台下方是始建于明代万历年间的玉皇殿。在这玲珑古雅的庙宇北侧拾级而下，经过怪石嶙峋的小石林沿着狭窄的山径往下六十多米，就来到"双珠峡"。这里又称"双珠径"，仅容一人通过的小径两旁是高耸直立的石壁，石壁顶上夹拥着两块巨石，将落未落，甚为奇特。峡底是古时开采白端砚石的地方，□□□□□，名叫"玉石湖"，现在积水已干涸，岩石间藤萝蔓却苍翠依然，恍如一潭碧波。

沿"双珠峡"□□下是"叮咚井"。这也是古时开采白端砚石形成的□状石坑，长数米，宽约1米多，深约10米。深坑过去积水甚深，投石其间，水声清脆，所以名为"叮咚井"。与一路上所见的带有浅红石纹的岩石不同，此处的□□□□。虽然岩石表面因风化变成了灰黑色，但断裂处□出的岩石肌理却如玉如雪，莹润滑嫩。□此处□石□成的砚台、器物甚为世人珍

149. 玉屏岩白端顶□

以白端称冠的玉屏□，□雾中顶峰通体雪白，□□妩媚。

爱。难怪古砚著有"西洋诸番皆来买取"的记载，洋人不用砚台，他们是买来当作工艺品玩赏的，由此可见白端砚石的欣赏价值之高。

山中微雨，我们很快来到了山下的登马鞍亭西侧的岩洞里。大如厅堂的岩洞是古人采白端石的又一个遗址，这里的石质虽也润泽，但已不及山上的"叮咚井"等处的岩石那如粉团般的白腻了。上岩洞的石阶亦是白端，素洁的石色隐隐浮现有深蓝粗条状的蚯蚓纹，奇特可人。

岁月晃晃悠悠，山上的草木依旧葱茏，山上山下再也寻不到那明清时代以采琢白端为生的村民。瞬间雨歇，淡雾中的玉屏岩顶峰通体雪白，险峻妩媚，恍如一曲来自悠悠时空的神秘歌谣。

伍 精湛绝伦清端砚

盛世端砚再攀高峰

清代端砚，是继宋代高潮之后的又一个高峰。中国工艺品的兴衰，往往是与国运紧密相连的。康乾盛世，广东工艺美术行业出现了空前的繁荣景象。端砚也就以卓然独立的艺术风格、精湛绝伦的巧思奇技、丰富无比的题石内容、愈出愈奇的石质石品，引领我国古砚发展，再度耸立于一个璀璨的高峰。

认识这一点，对鉴别清代端砚十分重要。

150. 清中期端石宋子云龙砚
18.2cm × 11.8cm

151. 清中期绿端石年年有余砚
20.2cm × 10.2cm

152. 清中期端石坑仔岩太平有象砚
18.1cm × 11cm

153. 清中期端石古塔岩灵芝砚
16.4cm × 13.1cm

高档名坑麻子坑

154. 清乾嘉端石麻子坑
双蝠砚
14.4cm × 10cm

首先是砚坑坑种的发展。乾隆年间，与坑仔岩齐名的"麻子坑"被发现，开坑采石。首载麻子坑的砚著是李兆洛的《端溪砚坑记》："麻子坑为新坑之最佳者。"道光二年阮元《广东通志》亦载："麻子坑，乾隆年间高要县有陈麻子者，开此坑。温润发墨不在东洞之下。"麻子坑的发现与开采，与清代比较积极的砚山坑口管理制度有一定关系。《端溪砚坑记》载："凡坑，但砚肆有力者，即可募工开采，不请于官。老坑则必制府抚军主之乃开。麻子坑则知府主之。"只有这样，普通采石工和砚店小老板才得以发现和开采出麻子坑。当然，麻子坑开采后因为砚石档次较高，资源有限，很快开采权收归知县审批，也是应该的。而这之前，明末清初曹溶《砚录》记述："国朝为封禁，设一把总守之。"高兆《端溪砚石考》也载："旧制把总一员，崇辖守坑，律令盗坑石比窃盗论……丁亥（顺治四年）后，守禁罢。"计楠《石隐砚谈》追溯久远一些："唐宋砚充贡，官为监凿，满贡数则封穴，它毋得盗取，一坑既尽更凿一坑。"

麻子坑石色丰富多彩，青苍、紫红、宝蓝、苍灰等色块斑驳，或作蒲席纹状。石中常见虫蛀，石声喑哑，是其主要的识别特征。

155. 清乾嘉端石麻子坑夔龙砚
12.6cm × 8.7cm

156. 清嘉道端石麻子坑斧形面
11.9cm × 9.6cm

157. 麻子坑远眺

于接近峰顶的碎石流，□□而下为：麻子坑、□罗蕉□天岩，宣德岩、端溪绿端□□

158. 作者与采石□□黄建安于麻子坑洞口

清乾隆年间发现□□坑采石的麻子坑，洞□及坑道低矮须匍匐□□。洞内终年积水，洞□滴水如飞雨。

砚坑多达七十种

与前代相比，清盛世的砚山坑口制度，与当时生产力的发展和端砚市场的需求有其相适应的一面。因此，清盛世的端砚坑种由明末清初的11个，发展到70个之多。清初高兆《端溪砚石考》载："峡（羚羊峡）石矿凡十一"。清初钱以垲《岭海见闻》亦述："端溪产砚之坑，凡十有一"。至何传瑶《宝砚堂砚辨》述："夫端溪之老坑止一，而杂坑不下七十种，即质色甚类老坑者，亦不下十数种。"砚坑坑种之多，在此不作详述。清代新增坑种除高档名坑麻子坑外，在明末至清代砚籍中首见记载、中后期新中国尚在开采的著名坑种有：朝天岩、古塔岩、典水梅花坑、北岭梅花坑、宋坑中的陈坑伍坑、北岭绿端、白线岩等。朝天岩最早见载于清初曹溶《砚录》："离高峡山里许，东南处最高起，名朝天岩，其石类上岩。"古塔岩最早见载于清初高兆《端溪砚石考》："古塔岩，其石比朝天岩。"典水梅花坑先见于曹溶、朱彝尊、高兆文中，然不准确。较为准确的是，是清初屈大均《广东新语》："梅花坑在峡口东，从沙浦典水村而入，石亦多眼。"北岭梅花坑最早见载于嘉道时李兆洛《端溪砚坑记》："有出米洞，之后曰希岗，岗下为九龙坑，亦曰梅花坑。"但有

159. 清端石杂坑福来砚

14.5cm × 9.9cm

此杂坑石色紫中偏玫红，比宋坑中土人呼为"一片红"的还要浓重。

160. 清端石杂坑双果砚

11.4cm × 8.9cm

此杂坑石色苍灰，然不若小湘坑苍灰之泛蓝黑，而泛灰青灰白。

趣的是，同□之□兰修□□溪砚坑甚详的《端溪砚史》，文中"□花□"条下□□典水梅花坑，而篇首绘出之砚坑图，□□□"峡□□坑图"中之北岭山标出北岭梅花坑。李□各《端溪□坑记》还首载了宋坑中的陈坑和北□□□"北□□岭之下有宋坑，所谓将军坑也，今洞□□□下不□□取，居人于其旁取石谓之陈坑……□之□为东岗□，有东岗坑，出绿石。"白线岩则最先□□□专瑶《宝□堂砚辨》："白线岩：多白筋如粗银□，石工以之□冰纹冻。"

"斧柯□"之崛起□特征

除上述□□坑，清□对斧柯山东麓砚材的开发，也是值得□□的。在写一章中笔者已引乾隆年间肇庆知府袁□□言斧柯□沙浦西岸村的老苏坑为苏轼所开。袁树《□溪砚谱□载："近老苏坑一山名龙尾坑者，最□□□音坑七□，此"龙尾坑"为新见坑名，依袁树□□□为新开□的砚坑。至何传瑶《宝砚堂砚辨》所载□□□砚坑增□了"大坑头"、"虎尾坑"，把老苏坑与之□坑□"旧□坑"与"龙尾青岩"一共四坑，皆分□□□以其□近似的老坑各洞砚石，进行对照分析□□，稍后□□兰修《端溪砚史》，在条列大坑头虎尾□等□□□东新□村，一再指明"在沙浦西

161. 清端石杂坑长□砚
9.4cm × 6.2cm
此杂坑石色中带淡□，□看似白端，但石质□□□同。白端硬脆，此砚□□□溪水畔诸坑同，嫩腻□□其石声低暗，与白□之□□亦不同。
以上所谓杂坑端砚，是□目前尚未能找到其□□□洞，而按现在已知□□□洞之石样无法鉴别，□具备端砚石材之细洞□□□石品特征，石色以□□基调（绿白二端除外）□□地所产砚材者，均□□□称为"杂坑"。

□□ 清端石□□柯东坑鱼化龙砚
□□cm × □□□cm

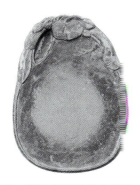

163. 清端石斧柯东坑瓜果□
4.7cm × 10.2cm

164.明代端石斧柯东坑荷叶鱼藻砚

31cm × 20.7cm

岸村",对斧柯东与斧柯西端溪水畔砚坑,及峡北、北岭诸砚坑同等看重,并认为斧柯东砚坑的石质石品超过了小湘峡砚坑。斧柯山东麓砚材的成功开发,不仅丰富了清代端砚的坑种材质,对改革开放后端砚生产的空前繁荣还提供了最为强大的资源后劲。笔者为此已撰专文《端砚收藏新宠"斧柯东"》附录于下辑,于此不赘。

总括斧柯东古端砚的特征,主要是石声清脆,以指头弹击砚沿,似弹敲金属;石色多见深紫。凝视之质感,抚摸之手感,虽稍逊于端溪那边斧柯山西麓三大名坑,但足与其他名坑媲美。

白端石与白锦石

明万历直至清初,律禁松弛,肇庆七星岩出现了历史上最严重的白端石偷采行为。屈大均《广东新语》记载:"羚羊峡西北岸,有村曰黄岗。居民五百余家,以石为生。其琢紫石者半,白石锦石者半。"所说的白石就是七星岩所产的白端,锦石也是七星岩所产以白为底色浮现杂色花纹的岩石。陈龄《端石拟》述:"七星岩……产石名白端,有花纹者为白锦石。"清后期孙森《砚辨》述"七星岩……有五色者名锦石,多黑色山水草木云气物象若大理石。"这种锦石也见于该时期的遗砚,但其流传比纯白的白端遗砚更少见(以其同产于七星岩,底色亦为白端之洁白,收藏家

165.清代白端石团鸭砚

14.8cm × 11cm

166. 明末清初白锦石端砚
（二方组照）
18.2cm × 12.8cm
13.3cm × 8.9cm

视为广义白端砚。明末清初偷采七星岩白端和白锦
石为生的，竟占了当时砚石的一半。在七星岩的中心
风景区，特别是以白端石著冠的玉屏岩，山上山下迄
今尚存以此时期为主的古人采凿白端的遗址。如山上
玉皇殿北侧的叮咚井和双龙径等，山下登马鞍亭石径
西侧大如厅堂的石洞等。其中值得一提的是，叮咚井
的白端最为上乘，驰名清代的妇女敷面化妆品"端州
干粉"即以此白端研制，所凿白端砚台及文玩也最显
白润，细润坚实，莹白如雪，纤尘不染，绝无杂质。
只是叮咚井又为高数米、宽一米多、深约十米的狭坑，
坑底横采遗坑也不太大，古人采石有限，所琢遗砚遗
物难得一见。

两种美如玉白端石

自清中期之后，七星岩白端石被偷采的现象得到
了抑制，符合以七星岩中心景区七座山岩白端为鉴别
标准的遗砚遗物渐成，至今已难得一见。但笔者却在
收集研究古端砚中发现，另一种未能让所有藏家认
同、身份暧昧并且含玉质之白端的遗砚遗物，在
清中后期却相对多地出现，此种白端坚实致密，色
白亦有如雪者，亦有呈米白卡黄，石中斑晶较易看到，
笔者称之为晶白端也称玉白端（附图167）。而传统
的，在七星岩景区易找到三代采凿遗址和石样标本
的，以粉腻洁白、洁白如雪为特征的白端，笔者称之

167. 明清晶白端石遗砚遗物
清小圆砚、清桃形笔掭、明卵
形砚、清笔掭连体砚、明长方
厚砚、清桃形调色碟。

168. 清初粉（幼）白端石小砚
8.7cm × 5.8cm
为窥石质，笔者用砂纸打磨墨
堂以开"天窗"。书中砚照墨
堂类似者同。

为粉白端，也称幼白端（附图168）。晶白端遗砚遗物与粉白端的一样始见于明代，也同样稀少。但晶白端于明末清初并没有像粉白端那样出现较大量的遗存，却于清中期之后忽见增多。笔者的设想，一是粉、晶两白端的硬度相近，但后者斑晶结构较粗，不宜做细致雕刻（如粉白端可见神佛雕像，晶白端则未见于此类），也不能制化妆品"端州干粉"，故未能在明末清初滥采之际出现；二是清中期加强了七星岩景区禁采岩石的管理，景区白端得到了保护，而以石为生的"黄岗居民"，不得不退而求其次，开凿晶白端以聊补无米之炊，故其开凿遗址应在七星岩景区外围；三是笔者经长期调查，发现晶白端遗砚遗物，在端州城一带散落较多，而岭南其他地方则较少见到。这也说明不能细致雕刻的晶白端，其价值不足以远销外地，只能就近自产自销。

2004年笔者在七星岩景区外围东北面，毗邻景区出米洞岩与阿坡岩的石牌岗岩山，终于找到了晶白端的开采遗址，证明了上述设想基本上是对的。笔者尽十一年对遗址现场作了勘查研究，收集到许多石样本，采访了石牌岗下村落中的老人和有关人士，对遗址情况与粉、晶二白端的相关问题作了细巨研究（论文于后），在此不赘。

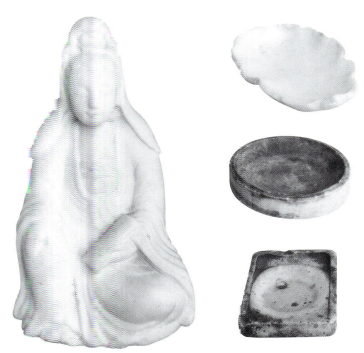

169.明清粉（幼）白端石遗砚遗物
明末清初菩萨像、清蕉叶形笔掭、明圆形砚、清长方砚。

非粉非晶与形制雕饰

七星岩三星岩2004年深秋因台风而东北角石崩，时任肇庆端砚协会秘书长的王建华先生前往现场捡取了一块如足球大的白端岩石，送至舍下供研究。笔者发现，此块玉屏岩白端石可按粉、晶两种结构一分为二：一半是细腻嫩滑的粉质，另

170. 明代非粉非晶白端大砚砖
19.8cm × 14.4cm × 5.7cm

171. 明末清初非粉非晶白端辟雍砚
直径 22.1cm 厚 3.1cm

172. 清代晶（粗）白端石山水盖砚（蔡柳坚藏品）
11cm × 7.3cm

晶白端本不宜细雕，但该砚盖面经玉工高手以碾玉工具如此精雕细刻，令人看到了晶白端可以砣碾精工的一面，十分罕见。

一半是肉眼可看到闪烁斑晶的有较强光泽的晶质，但晶体结构比石牌岗晶白端的细小一些。受此启发，笔者又多次到玉屏岩石崩现场，察看崩塌剥落而新裸露的岩体石面，亦发现粉、晶两结构共存的现象，或参差斑驳交融，或较大面积相接互显。旧的岩体石面，皆因千万年风化而莫辨；而新修的登山石道，其旁偶现之剖石面及碎石，却也不难发现粉晶二白端的共存。而且还进一步发现，有些白端岩石是很难把粉、晶截然分开的。粉白端之质粗者，已可见虽小而闪烁之斑晶。晶白端之质幼者，正与粉白端之质粗者相近或相同。据此笔者于明清白端遗砚遗物中，亦发现了这种现象。特别是柱础香炉等物，确如清代江藩《端砚记》所述："白端石……其质理粗者为柱础。"因此也可以认为，粉、晶二白端代表着七星岩白端石从质幼到质粗的天然生长的一个过程，粉、晶二白端是七星岩白端石的两种石质标准，且还可再细致深入地分别出不同的石质标准来。需要注意的是，其间过渡阶段的非粉非晶半粗半幼白端，于古代白端遗砚遗物中并非少数。

综观明清白端砚的雕饰，皆因粉、晶两种石质均硬度较高且脆，不宜细雕，所见多为素砚无纹。偶见雕饰亦多为粉白端，或非粉非晶之中间质型白端，绝少见于晶白端。但笔者曾见一清代晶白端长方小盖砚，其砚盖精工浮雕山水树木令人惊异（附图172）。细考之是玉工高手以碾玉工具所为，故不在此传统砚雕范畴。

明清白端□□雕饰少□，但形制尚丰富。明代及明末清初，□有□手砚、□□砚、双履砚、蛋形砚、□方砚、圆形□□。清中期之后多见小型长方盖砚，砚盖砚身同一□□□料，结□紧密，亦称合璧砚。同时亦多见文房□□□笔捺、□丞、调色碟等。至民国早中期，白端□□□物已观□见，渐至完全消失。

古代白端□□出现是□殊现象。七星岩白端石料毕竟要通过□□□得，况且也不一定要用来琢砚，故白端砚总体上□□不多。无论其石质粉、晶标准不同，皆很有收藏价□，特别是□□之完美、雕饰之雅丽、年代之悠久者，□□珍贵。

老坑佳石□出越奇

清代端砚□□坑种的发展，还包括老坑（水岩）的继续开采，与□出越佳、□出越奇的石质石品。高兆《端溪砚石考》载："丁亥后守禁罢，至今凡六开坑。""丁亥"指顺治四年 "今"指康熙中期。此后康熙、雍正、□□、嘉庆、道光、光绪等朝均由官方组织开坑，且一□多不止一次开坑。正如乾隆后期黄钦阿《端溪砚□汇参》所□："本朝虽罢去守禁，民间自无力私开，□开必官□采办，有司给费。"所出之石，总体上□□代要好，这在海内外馆藏私藏的清代端砚中□以□见。故清□潘稼堂《端溪砚石赋》有"尃斮其肤 突入肌理，其□转深，今得其髓"之句。而像屈大均以一种明朝遗□□的暗淡心态看入清之后的水岩，《□东□语》曰："今时石皆不如昔，盖端溪精华亦已尽□。"其"亦□"之意是明朝已亡，端溪精华也应尽了，这是很不科□的。故吴绳年《端溪砚志》说："物产之美□，今昔□形；百家之辨论，彼此殊别。"计楠《□端砚坑考》亦说："砚坑之出，有古今之不同，上下之□别，□□有一代之优劣，一时有一时之好尚。古□□尽胜于□，今不必远逊乎古也。"二

精湛绝伦清端砚

(111)

173. 清代中前期□□□坑大西洞松蝠砚
14.2cm × 9.5cm

174. 清代中后期端石老坑大西洞四海升平砚

14.8cm × 10.9cm

著名的端溪老坑大西洞，一般来说其砚材石色，清中前期特别是清早期，为紫黑苍灰带宝蓝，清中后期特别是后期，为紫苍略灰带宝蓝。例如广东省博物馆所藏清初老坑大西洞端砚，与清末老坑大西洞如"千金猴王砚""嵒华四象砚"等著名端砚，其石色也基本如此。

175. 清乾隆端石老坑夔龙砚

15.8cm × 11.2cm

人说得谦谦斯文。但计楠在《石隐砚谈》中，对屈大均所称老坑"以熊制府开石为最"，即明崇祯末年熊文灿所采石，只认为比宋代的好："崇祯末，熊文灿缊火夜开所得之石，驾宋坑（指老坑在宋代的采石，非北岭宋坑）之上，谓之熊坑。当今皇恩浩荡，不施禁令，自康熙初已六开坑，石愈纯美，潘稼堂所谓今得其髓也。"其实清代老坑佳石之出，并不只在盛世时期，清中后期亦不断有佳石迭出。咸同时期孙森《砚辨》曰："大西洞，精华内蕴，愈出愈奇，为前人所未见，他洞所不及。迨道光时卢制军重开，直达岩腹下层，石悉成冻，以冰纹冻为异品……今石工即名曰卢坑，定为古今第一。"所说"卢制军重开"即道光十三年、二十二年卢坤的两次开坑。到光绪十五年张之洞开坑，老坑仍然佳石频见，令人惊异。如现藏广东省博物馆的"清千金猴王端砚"与"清白鹤端砚"，即琢自张之洞开坑所得的上等砚材。如此高档砚材当时曾选三方，琢为天下闻名的三方名砚：除上述两方外，尚有一方"过面冻砚"，并称"广东三大名砚"，而以"千金猴王端砚"为首。该砚质地高洁，细润如玉，以砚堂的大片鱼脑冻形似猕猴而得名，不仅是广东省博物馆的镇馆之宝，亦为国家之瑰宝。

时代风格与自我风格

清代丰富的砚材资源，对清代端砚的砚雕工艺和艺术发展是一个有力的促进。尚在明代后期，端砚砚雕就已出现了地域特色的萌芽。入清之后这种特色与风格萌芽迅速发展，至康雍之际已高度成熟，乾隆盛世时卓然独立。至此，端砚的砚雕工艺与砚雕艺术，发展成为既有大时代烙印的统一风格，又有显著地方特色的自我风格。具体地说，这种自我风格是以端州端砚艺人为主体的、以岭南民俗文化和民俗审美为主要内容的，称为粤派亦称"广作"的一大砚雕体系。

176．清代端石荔枝□□砚
（二方组照）
左：15.9cm × 11cm
右：14.9cm × 11.3cm

当时全国工艺品的大时代风格，是精细繁缛、华美纤巧、富丽堂□。在岭南最典型的是广州的"广彩"彩瓷、广派象牙□和潮州金漆木雕。与此三者的锦地繁花、雍容显□、金碧辉煌相比，此时端砚雕饰并不算是繁缛，与前□相比也只能说是丰满一些而已。因砚面为墨堂墨注，丰满的雕布也往往只能安排在砚背一面。同样，因□墨堂墨注的预留，砚面要表现宏大的场面与复杂的□事已不可能。虽然题材内容可以多种多样，但也只能表现一个持写的画面。同时，清代端砚的形制，除□古的方正、圆形、菱形等规整砚式之外，大部分皆为随形砚。因随形的各不相同和砚面的有限，以及应□更重于实用的社会要求，使端砚艺人不得不以更高□智慧、更高的技巧，专注于因石构图、随形赋类、□材施艺、显瑜隐瑕。所以清代随形端砚是无一重复□，尽管题材相同内容相同，但随形砚石的千差万□，竟以相同的题材不同的画面自成系列，这在清代大量遗砚中要注意甄别鉴赏。

曼妙联□□题材内容

清代端砚□□题材主要有吉祥动物、花卉瓜果、山水树木、飞禽走兽、人□典故等五大类。在此单个大类之中又□□为若干小类，在无可再分的小类中，即见随形砚□因石构图随形赋类的系列。例如，

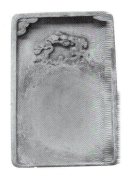

177．清乾隆端石坑□□松石砚
20.7cm × 13.8cm

178．清代端石比翼鸟砚系列
（四方组照）
均大不盈掌

179．清代端石瓜豆墨
池砚系列（四方组照）
均大不盈掌

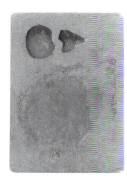

1-6. 清 端石葫芦砚系列（三方组照）

此系列大不盈掌，时代横贯清代始末。右一为明末清初葫芦墨池砚，名曰墨池一分为二，实则下部镂雕相通，此犹带明风也。右二为清中期葫芦形砚，尚存丰肥盛世之韵。右三为清后期葫芦瓜丛砚，虽亦以一墨，葫芦已否，故作夸张，当为光绪时物。如以上三个系列纵横累之观之，既可感受砚艺形式之无穷演示，亦可窥砚艺脉络之发展演变。

吉祥动物中最常见的龙，可以分为云龙、海水云龙、二龙戏珠、飞龙喜舞、穿云游龙，龙凤呈祥等等小分类。在似不可再分如"云龙"这样的小类中，即可以随形砚石形之赋图构成系列。如从龙之云可随砚石之势可左可右、可高可低、可舒可卷，可因砚石突兀一角而用其流云，可以砚石之凹而设计云停云绕。而云中之龙更可千变万化，可因石形之参差构思龙之张牙舞爪峥嵘怒角，可以砚石的曲张峻峭而雕为龙之矫健身形吞云吐雾。再结合端石中万千姿态的石品石纹，结合刀法上精巧的深雕、浅雕、微雕、线雕、晶地浮雕等等，随形砚之云龙则洋洋大观，已成系列矣。其他题材内容，也均可以此类推。这种同一题材而构图不同画面的端砚系列，是异于前代的一大创举。清代端砚就是以此创新的系列，连同卓然不群的艺术风格、丰富曼妙的题材内容、叹为观止的石质石品，为端砚自身的发展，为中国石砚乃至中华砚文继宋代之后又耸起一座光芒四射的高峰。

鉴砚须循端砚学

清代端砚的高峰，还包括蓬勃发展的端砚文化。其核心是端砚的专门研究，已形成中国砚学中独立的一大领域。综合性砚著，也必首重端。其间可谓学者林立，著作如云。在此只能简单列举较为重要的学者和文献。清初，端砚专著有钱朝鼎《水坑石记》、高兆《端溪砚石考》、景日畛《砚坑述》；综合性砚著有曹溶《砚录》、朱彝尊《说砚》、施闰章《砚林拾遗》、屈大均《广东新语》等。清中期端砚专著有吴绳年《端溪砚志》、袁树《端溪砚谱记》、黄钦阿《端溪砚史汇参》、陈龄《端石拟》、计楠《端溪砚坑考》、江藩《端研记》、李兆洛《端溪砚坑记》、何传瑶《宝砚堂砚辨》、吴兰修《端溪砚史》、于敏中等《西清砚谱》等；综合性砚著有朱栋《砚小史》、唐秉钧《文房四考图说》、计楠《墨余赘稿》、程瑶田《纪砚》、谢慎修《谢氏砚考》等。清后期端砚专著主要是孙森《砚辨》。于此未能详列者，亦是群星璀璨。清代整个砚学和端砚学的成就，是自唐代中国砚学形成以来最丰硕的。清代端砚学解决了许多问题，记载了许多史实，充实了许多范畴，开辟了许多新的探索，成为后人研究端砚发展史最重要的一环。

以端砚学指导鉴别古端砚，不仅在坑种材质方面如此，在形制雕饰的年代方面也莫不如此。例如

181.清代端石麻子坑太史砚

17.8cm × 10cm × 4.9cm

此太史砚造型与做工，颇似明代之物。但其砚材为端石麻子坑，明代砚著尚未见载，清代砚著也均载麻子坑为乾隆年间所开，故此砚琢制年代不早于清乾隆。细察之厚重而不笨，两墙足对称均匀，线条准确，带雄浑之气，当为乾嘉时物。

目前海内外不少个别收藏家，把古端砚中"砚砖砚板"的出现年代，在没有依据的情况下，都说成是明代出现的。其实早在宋之际我国第一部端砚专著叶樾《端溪砚谱》中，对砚砖砚板的形制，就有明确的记载（参看第三辑之古朴的砚砖与砚板），故收藏鉴赏古端砚，还须读一点前人砚著，懂一点端砚学。

砚铭共赏之开辟

清代有关端砚的诗词题名，自然也是入清后端砚文化的一大奇观，它们是恒河沙数，不可尽述。只要打开《西清砚谱》随便翻看所载的任一方端砚，都可读到盛世天子乾隆的题铭或题咏。纪晓岚的《阅微草堂砚谱》，对端砚的题铭题咏不但数量可比肩乾隆，且多具圣贤哲人的大智慧。还有朱彝尊砚铭、金农砚铭、黄任砚铭、高凤翰砚铭、阮元砚铭、刘墉砚铭等，真有点像唐诗宋词主宰了各自的时代一样，清代端砚文化中的砚铭，也主宰了一个砚与铭共赏的时代。端砚铭文多见于砚底及四侧，亦见于砚面，位置巧适，布局各异，与砚形砚饰相融相与。题材内容也十分广泛，最常见的是记事纪年、言志、抒情，或纯然雅玩；体裁形式也不拘一格，诗词歌赋，格言警句，载于书法之行草隶篆楷，显得异彩纷呈，颇为独特。

182. 清端石"汲古"铭井字砚（二方组照）

左：12.3cm×8.6cm
右：15.2cm×10.9cm

此两方皆以井为雕饰的端砚，一方有井栏，一方井口刻砖纹。但如果没有井底之"汲古"铭文，则十分平常而已。现以"汲古"点出该砚主题，其意义就完全升华了，是寓古人经验智慧于一井中，导人以钩寻汲耳，意境亦深邃如井。

183. 清绿端石刻铭文画图砚砚背

17.7cm × 11.2cm

该砚如清代许多铭文砚一样，不仅于砚背刻铭文，还于砚背刻上一些富于意境、与铭文内容相呼应，或相映成趣的画面。该砚铭文为篆书"子子孙孙用之永宝"，旁下一角薄意雕竹石一丛，清灵俊逸，与书法之秀劲婀娜，刀法之行云流水，辉映相得，沁人心脾。

184. 清端石"砚田无税子孙耕" 铭盖砚

9.7cm × 9.7cm

清代砚铭共赏之开辟，还有一个不太引人注意的特点，就是突破了砚铭几乎全为藏砚者或文人自制砚者的留言惯例，成为琢砚艺人新采用的一种特殊雕饰。如附图182之"汲古"铭井砚，即是端砚艺人把画龙点睛式的主题文字，作为该砚中与井台纹不可分割之主雕饰来刻制的，其艺术效果也是新颖而强烈的。

最是销魂闺秀砚

古砚中的闺秀砚有两个含义，一是历史上的名女、才女、美女曾经使用、并留下诗词题记甚至雕像的砚台，二是本文介绍的，专门为女子雕琢的砚台。然此文限于端砚的探讨而已。

北宋砚学家苏易简于《文房四谱》中，述及一则逸事："魏甄后少喜书，常用诸兄笔砚。其兄戏之曰：'汝欲作女博士耶？'"从中我们知道，三国时期还没有专为女子琢制的砚台，因为富贵如甄后者也要借兄长们的笔砚。根据遗存实物与文献资料，到了宋代这一砚艺高峰时才出现了个别带有女性色彩的砚式。如流行于南宋的玉台砚，即镜台砚，圆形，砚面平整，砚额深雕一山茶花剪影为墨池，整体显得娴雅轻盈，可视为砚人专为女子琢制的闺秀砚。此砚式肇庆端砚陈列馆收藏并展出过。

元明两代，□雕艺术虽有较大发展，但鲜见女性色彩明显的闺秀砚。一些看似轻巧的鹅式砚、瓜果砚、荷叶砚等，也只是中性的东西，看不出多少香闺意味。□秦淮"八艳之首"马湘兰的肖像端砚（天津艺术博物馆）和轰动清末鉴藏界的明叶小鸾"疏香阁"眉子砚（清王□迈《砚缘集禄》），亦皆素面无纹，墨池作一弯新月而已。然新月形墨池宋元时期已流行，并没有特别的女性倾向。

到了清代，□雕工艺百花齐放、争奇斗艳，端砚中才出现了□正女子鉴赏实用的砚雕，但数量极少，且一般砚谱□不见载，只是偶见散落于端州民间。雕饰题材具有鲜明的女性化和女性化了的民俗文化特色，已发现□有"鼠□教子"砚、"比翼双飞"砚、"安居双□"砚、"丹凤朝阳"砚、"双兔傍地走"砚、"春江水□"砚、"梅艺映月"砚等。一般说来，婚前女子是羞于表露双宿双飞的渴望的，也不宜表现教子成才的□望，故前三种砚应为婚后或陪嫁所用，后面的则是□前婚后皆可用之。

附图185为"双兔傍地走"端砚，仅如掌大，长13.7厘米、宽9.4厘米、厚1.3厘米。墨堂与墨池之间的落潮处，浮雕两只奔兔和一丛芝兰。两奔兔隐若一雌一雄，齐头并进，力争超前，潇洒劲逸。应取材自著名的南北朝乐府民歌《木兰诗》："雄兔脚扑朔，雌兔眼迷离。双兔傍地走，安能辨我是雄雌？"持此砚的□是不让须眉的巾帼才女，连砚式也不花哨，直用读书世界常见的长方形，使人想起梁启超赞颂此□女的诗词："眼中直欲无男子，意气居然我丈夫。"遥想此女，又敬又爱。

附图186□□□式端砚，长12.9厘米、宽7.6厘米、厚0.8厘米，令玲娇小，为清代流行的观音瓶式。最女性化的地方是两肩部至口沿添了一对如意

185. 清端石双兔傍地走闺秀砚
13.7cm × 9.4cm × 1.3cm

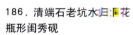

186. 清端石老坑水归□花瓶形闺秀砚
12.9cm × 7.6cm × 0.8□

瓶耳,瓶口两侧的如意头亦如两朵蔷薇花的剪影,两瓶肩也各有两瓣"小荷才露尖尖角"般的小叶尖。凝神之间,犹如一个头上簪花、发辫长垂、身段婀娜、玉步生香的闺阁少女,停下手中的笔墨向你款款而来,好不教人心旌摇荡。

嗟呼!诚如大鉴赏家张中行先生所言,古砚之赏,俱莫过于闺阁玉楼中砚。

寻觅古端人物砚

以人物为雕饰的古端砚,可以追溯至北宋的兰亭砚。该砚式在四周雕刻了王羲之等兰亭修禊图。图中人物意趣古雅,形态生动。

但遗存于世的北宋端石兰亭砚极稀,国内大陆很多大博物馆也未见有藏品,近年出版的众多藏家砚谱亦未见载,笔者十数年来搜求也未见真品。有说日本藏我国宋代兰亭砚较多,但在其书刊所载认为是北宋兰亭砚的也寥若晨星,即使是笼统称作宋代的也并不多见,且仅从图片也难断其真伪。故宋代兰亭砚,价值连城,应视为国宝。

北宋端石兰亭砚开创了砚台人物雕饰的先河,并迅速得到了发展,也迅速旁及了其他砚种。如北京故宫博物院藏宋洮河石兰亭砚,就是端砚人物雕饰的发展与旁及。其雕刻技法与题材构图,均达到了一个新的艺术高峰。这一类宋代端石人物雕饰砚也极其罕见,是收藏家梦寐以求的珍宝,贵不可言。

然而,元代的端砚人物雕饰却是个断层。这与元朝立国不足百年,烽火战乱,端石采制陷入低潮不无关系。

明代中后期,整体端砚艺术又有了长足的发展。人物雕饰方面不仅复兴了北宋始创的兰亭砚,使之代代相传,至今仍是端砚艺人的传统保留产品,还创作了更富意境、工艺技法更臻成熟的人物肖像雕饰。

187. 清端石宋坑罗汉施宝砚
17.3cm × 9.2cm

本来，据清末民初一些砚谱所载，人物肖像雕饰已零星见于宋室三之交，但从未见实物佐证，所载藏品未觅其踪。而国家博物馆所藏明代"东坡笠屐端砚"，砚背雕苏东坡全身肖像，头顶雨笠，足踏木屐，手提衣。于人物造型神态中十分着意氛围意境的营造和渲染，这是不同于北宋兰亭砚人物雕饰那种只是简单表现动作姿势的特征。故该砚虽有宋人名款在背，但该馆鉴定为明仿宋的"明代制品"是很准确。此类实物还有如香港中文大学文物馆所藏的著录于广东省博物馆编《紫石凝英》的明嘉靖年兰亭砚。该砚背所刻王羲之赏鹅图，其意境之美令人遐思，极富艺术的感染力。明代的人物雕饰虽多见于海内外各大博物馆中，但在民间收藏却甚难一见，可遇而不可求，其价值不言而喻。

入清之后，砚雕饰百花齐放精益求精，人物雕饰也以高度成熟的工艺技法和巧思妙想，而富于时代特色。如上图187的宋坑罗汉施宝砚，砚池部位以深刀高浮雕突现一云中罗汉，手捧葫芦在施放宝物祥瑞，虽然人物面部等多处伤残，但精巧的艺术效果，仍感染着观赏者。按此砚的云纹与砚背尚存斧凿痕及其明代遗风分析，应是清初康熙中晚期之物。

又如附图188端溪老坑太白醉酒抱瓮砚，以太白醉态可掬的酒袋兀然天成蛋形砚制之外的奇异的出廓，鲜明地凸现主题和谐趣的构图。瓮口为墨池与其刀相扩，与李太白神态冠服的细腻浅雕，亦有其于本已诙谐幽默的人物与酒瓮之间进一步的相映成趣。如此精工巧艺、佳石良工以及风格气度和韵内涵，非雍乾盛世不能出此佳品。但人像雕布在清端砚中所占比例还是较少，属时代的作品更少，仿古作品如兰亭砚、肖像砚尤费心搜求。

188. 清端石老坑太白醉酒砚
13.7cm × 9.4cm

相思一夜梅花发

　　中国砚台以梅花为雕饰者，最早见于唐代。蔡鸿茹主编的《中国名砚鉴赏》，载有北京著名古砚收藏家阎家宪一方"唐三堂梅花石砚"，砚池各雕一朵梅花。该砚从彩图上看和文字介绍，均为"石色深紫"，酷似端石。但笔者未亲睹实物，不能妄下断语。然端砚的梅花雕饰源于宋是可以确定的。在肇庆古端州的民间收藏中，不难看到与阎家宪梅花砚风格相近的、砚池雕为剪影优美的各式花朵其中包括梅花的宋代端砚。肇庆端砚陈列馆就展出过一方砚池雕如山茶亦如梅花的宋端砚藏品。

　　端砚的梅花雕饰盛于明清，特别盛于清代，这从较多传世品中便可以看出。传世的每一方雕梅构图各不相同，可谓异彩纷呈，争奇斗艳。如山崖老梅、梅花映月、梅丛洞天、游龙戏梅、梅枝独秀、百梅竞放等。仅梅花映月也有上弦月、下弦月和圆月之

189. 清端石梅花雕饰砚系列（六方组照）
均大不盈掌

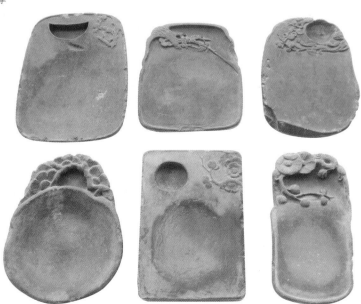

分。梅枝梅朵更是千姿百态，风华尽展。端砚的雕梅，给人的整体感觉是温馨与温情，古端砚中从未见过风雪寒梅之类的构图，故也感觉不到"梅花香自苦寒来"的沧桑与孤傲冷清。这大概与岭南端州的气候有关，正可谓"南国无雪有情"，这情更多地让人感觉到是男女之爱的缠绵之情。如附图190，这一方清早期的梅石映月端砚，雕为砚池的一轮满月，令人一瞥之间即升起婚姻美满缘分天契的美感，与"有情人皆成眷属"的温馨情怀；圆月旁的一簇俏梅，三五花开，三五含苞，但艺人好像更着意刻画那梢头的含苞花苞。一树疏影，探月翘首，欲说还休。人世间的花好月圆，不也难免两地相思？普天下的有情眷属，哪个不曾分离聚合？瞧，"相思一夜梅花发，忽到窗前疑是君"。恍惚间，圆月圆窗，梅影倩影，统皆幻化。匠心的端砚艺人啊，您的刻刀神了！

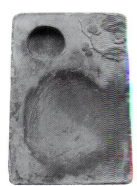

190.清端石梅花映月砚
14.4cm × 8.2cm

古端"状元砚"

在古端砚雕刻中，有一类是勉励人们积极向学、奋发有为的作品，那就是比较惹人喜爱而注目的"状元砚"系列。

俗语有一路连科、一甲一名、喜报三元、状元及第、独占鳌头、鱼跃龙门、功名富贵等吉祥语。端砚艺人将它们引进表现的雕刻中，创作出富于地方特色的图案画面。如清代"鳌头独占"端砚，艺人就摈弃了鳌为海中大龟或大鳖的泛说，而采用了熟悉的殿堂建筑压脊上龙头龙身、岭南人称之为鳌鱼的吉祥动物，作为"独占鳌头"的题材镌刻于砚额池头之上，寓意明晰，构思生动，使人一瞥之间顿生豪气。又如附图191的清代坑仔岩团甲端砚，亦从"一甲一名"民俗吉语图案而来（寓科举一甲第一名，即状元之意），端砚艺人以团甲之形制，有一小墨池巧妙而别致，整

191．清坑仔岩一甲一名端砚
14.3cm × 11cm

192. 清端石宋坑（陈坑）一路连科砚

18.6cm × 12.1cm

193. 清端石宋坑书卷砚

14cm × 9.6cm × 2cm

体线条简练而优美，娴雅而静谧。

此外，仅以三颗浑圆丰茂的岭南佳果荔枝图案，以示"喜报三元"、"连中三元"（古称乡试、会试、殿试的第一名为解元、会元、状元，明清亦以殿试前三名为三元，民俗吉语以圆与元谐音寓意）。比常见的荔枝、桂圆与核桃各三颗合共九颗的喜报三元图或连中三元图，更突现主题，一目了然。还有"二甲传胪"（科考二甲第一名为传胪，金殿唱名亦称传胪），端砚艺人以横行的两只螃蟹与芦苇构图，也有雕刻成两只鸭子嬉游于荷塘芦苇丛中的画面（以鸭甲谐音、芦胪谐音寓意），令人耳目一新，联想翩然。

此类雕饰与端砚其他雕饰一样，题材相同而画面却不尽相同。端砚艺人因石构图因材而施艺，令端砚艺术百花齐放异彩纷呈。收藏者只要熟谙民俗文化，耐心搜求，还可发现更多古端状元砚的创意雕饰。

儒家大雅"书卷砚"

"书中自有黄金屋，书中自有颜如玉"，如果端砚艺人以此名句入砚，按照民俗文化的观点更直接地表现，将书卷与一些钱币金锭、殿堂豪宅、娇妻美妾等共冶一炉雕饰于一方端砚之上，其实也无可厚非，自然也有一番入俗之美。和其他古代工艺行业的艺人一样，古代端砚艺人也把祝颂祈求人生吉祥美好的民俗成语，作为自己工艺创作的主要题材。但不可忽视的是，在以民俗学为主流的古端遗砚中，不时也出现一些源于民俗，但明显高于了民俗，甚至带有一点纯艺术意蕴的探索性作品。例如附图193，是曾散落于古端州乡间的清代端石宋坑书卷砚。长14厘米、宽9.6厘米、厚近2厘米。它以整部书卷为形制，两边朴实简练的直线条，配以封页翻动时一瞬展出的上下曲线，上则为夸张层次而雕琢墨池，下绵延而为墨堂的平板素面，右边书脊淡淡的线刻方格纹，此外再无雕饰，给人以庄重专主，□扬大气而又不失优雅优美的感觉。它的寓意是□□书向学，但并没有多少"黄金屋"、"颜如玉"的□□，反而更多一点"学必始于观书"、"穷理之要在于□□"等等的□家大雅之风。

书卷式□□□砚不多□。浙江大学出版社2000年版《中国古□图□》，所载一方有朱彝尊、翁方纲、阮元等刻铭的□□书卷式端砚，其参考价约为2万元，当然现在已□□□此。

清莲砚　□且洁

以清莲□□"清廉"，□莲叶隐寓"廉洁"，并表现在古端砚□□□和雕饰□，是我国民俗文化在古端砚艺术上的□□。

清莲砚□□□并成为□砚的传统样式，与北宋著名清官包拯□□□系。包拯曾在端州任三年郡守，留下许多清正□□□传说。□中有些故事便缘出端砚，《宋史·包拯□》□："端□产砚，前守缘贡，率取数十倍以遗权贵。□命制者□足贡数，岁满不持一砚归。"是说包□□□的时候，竟然没有带去一块端砚！包拯逝后，□□□众自发□起包公祠以纪念。包公清

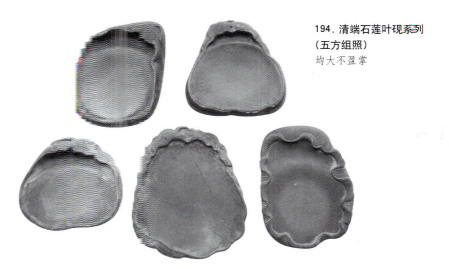

194. 清端石莲叶砚系列（五方组照）
均大不盈掌

195. 清端石一品清廉砚

15cm × 11.2cm

名深入民间，妇孺能道，端砚艺人以具象化手法雕琢清莲入砚，以歌颂其清廉。入南宋后叶樾在《端溪砚谱》中首次列端砚样式条目，其中就有清莲砚中的"荷叶"式，即莲叶砚。

莲叶砚将整块端砚琢成一张莲叶的形状，往往是上仰的莲叶舒坦地张开，中凹为砚堂，周沿为莲叶上卷的叶端，砚背为叶梗和叶脉。也有侧仰舒卷的，造型均十分优美。《西清砚谱》、《阅微草堂砚谱》等有载。除了整方端砚琢作莲叶，也有在各种形状端砚的砚池、砚额等部位雕出一丛或一束清莲的。前一种莲叶砚多见于宋元，现已比较珍罕；后一种丛莲或束莲多见于明清，传世较多。

明清间还有"一品清廉"端砚（附图195），是整方端砚为"荷叶似云香不断"的田田莲叶，莲叶参差露出的荷塘一角为砚池，砚堂是炫目的一轮红日，意为官高位显的当朝一品，与周围清莲结合而为"一品清廉"砚。隐寓虽位极人臣，更要廉洁奉公："廉者，民之表也"，形制雕饰与构图均极具匠心。另还值得一提的是，与此歌颂廉洁并重而赞誉节义的竹节砚，在古端砚中也是颇受崇尚，颇受重视的品种，与清莲砚形成两大主题鲜明的所谓"正气砚"（附图196）。

196. 清端石竹节砚系列（五方组照）

此系列砚横贯清代始末。右下为明末清初端石宣德岩竹节砚（12.5cm × 9.2cm），右上为清雍乾端石坑仔岩竹节砚（15.3cm × 9.9cm），中间为清乾嘉端石麻子坑竹节砚(17.4cm×12.9cm)，左下为清道光端石坑仔岩竹节砚（13.9cm × 8.9cm），左上为清末端石宋坑（伍坑）竹节砚（13.3cm × 8.4cm）。

关于白端砚石"有两种"的探讨

此谓"两种",即"粗"与"幼"的两种而已,在粗与幼之间还有中间过渡的非粗非幼。为让读者更多地了解白端如何辨别等,兹重写此文,也与读者再作寻踪探讨。

(一) 缘起

日本艺术新闻社杂志《文房四宝之乐》,1996年1月冬季号(总第26期)载有《坂东贯山旧藏的名砚》一文,对一方清代端州白端石砚如此介绍:"白端主产于七星岩(笔者按:文中另付生七星岩为端溪以北约10公里的风景名胜地),有两种,一种石质偏软而淡黄,一种石质坚硬而洁白。"撰文的是日本当代著名砚学家北畠双耳,而坂东贯山是日本20世纪中前期享有盛誉的名砚及文房具收藏大家。此语看似平常,却引起了我的极大关注。白端砚石在中国古砚著,甚至《肇庆府志》《高要县志》等,均未发现"有两种"的记载。就是日本著名的《砚の辞典》编著者藤木正次,在其论述详细的"白端"与"七星岩"条下,也未见白端"有两种"的记述。

然而,本人20多年来求收集古端砚时就不断发现,散落在端溪一带的白端旧砚和白端遗物,在石质上的确有细微不同的两种。这不同,并不是由于其中一种为有杂色花纹的锦石,两者的基调都是纯净白色的白端石。一种是所谓正宗的,可在七星岩较易找到的古代采凿遗址及石样可查证的白端;另一种则是被含糊称之,一般藏家不大了解其身份暧昧的白端。前一种白端粉腻细而嫩滑,洁白如雪,曾于清代制成妇女敷面的化妆品"端州千层",笔者暂称之为粉白端;后一种坚实致密而亮泽,白亦有如雪者,但多呈米白、米黄、也有棕白眼等,细看到石中斑晶闪烁,笔者暂称之为晶白端。两者非常相近。但后者斑晶结构较粗,雕刻起来有夹砂的感觉,不能作细致的雕刻。故

197. 清代粉(末)白端石行旅小盖砚(龙宝和藏品)
6.3cm × 6.3cm

198. 清中期晶（粗）白端石小盖砚

8.6cm × 6.2cm

砚堂虽经笔者打磨，然作朱砚已久，朱砂之色已沁入肌理，只可窥斑晶而难窥原石色。晶白端质粗易沁色往往如此，不若粉白端之质幼致密不易沁色也。

遗传器物除砚台外多见为盘景盘、笔捺、笔洗之类。而前者除了砚台，还多见精致的仙佛菩萨造像。对于后一种身份暧昧的晶白端，本人也一直认为有理由视为端州本土所特产，亦即本人也认为古端州七星岩所产白端"有两种"，只是前人没有记载，本人也很长时间未能找到晶白端的采石遗址，故笔者在以前所撰有关白端的文章中，仍沿用传统的说法而未提及晶白端。当看到日本北畠双耳·五鼎的白端"有两种"的说法，本人十分认同。日本近代以来对端砚的研究已达到了较高的水平。北畠双耳·五鼎所说虽然简单，但应该是从不少流入日本的白端遗砚遗物中得出此论的。这促使本人加快了对晶白端的研究，并于近年终于找到了晶白端的古代采石遗址。

（二）遗物

本人一直认为有理由把晶白端视为端州本土的特产，是根据以下两点：

1.晶白端遗砚遗物在端州一带散落较多，在岭南其他地方则较少见到。例如，肇庆七星岩水月宫内以前的盘景展中，笔者曾看到较多用晶白端制造的盘景古盘（附图199）；在梅庵等寺庙也曾见过不同形制的遗物，民间更多见此类文房传世品。但在广州众多的寺庙古迹景点，笔者尚未发现此类晶白端的遗传，民间散落也十分鲜见。同时另一现象是，外地虽极少晶白端遗砚遗物的散落，然所谓正宗的粉白端，在端州

199. 清末民初晶白端石盘景组盘

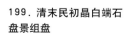

之外却不难找到其踪迹。[?]例如在广州，人民公园的石狮（附图20[?]）、[?][?]、[?]林寺高七米的佛塔、六榕寺一些石座石[?]础等，[?]为肇庆七星岩特产的粉白端。值得注意[?]是，其[?][?]大多数为工精艺巧的石雕艺术品。这些现[?]说明，[?]能作细致雕刻的晶白端，其价值不足以远[?]外地，只[?]就近自产自销，因而它的集中散落地亦[?]是它的[?][?]。

2.晶白端[?]中[?]落[?]年代，与粉白端集中散落的年代能够组成一[?][?]的[?][?]，[?]是粉白端在该时期没有或极少开凿[?]一个补[?]。根据集中散落在古端州的遗物，晶白端主要[?][?][?][?]青代后半期至民国前半期，而粉白端则[?][?]出现在[?]代中期上溯至明代初期。在各自非集中散[?]的[?]代，[?]种白端虽也有出现，但均较稀少。可以[?][?][?]想，晶白端与粉白端同样历史悠久，但晶白端[?]不宜细[?]，制约了它的使用。后来，本

200．广州市人民公[?]粉白端石大石狮

地出产粉白端的七星岩主景区，保护意识及相关措施的加强令粉白端严格禁采，而人们对星岩白端的喜爱却意犹未尽，晶白端可聊补粉白端的无米之炊，且开凿点必在星岩主景区之外，而得以使晶白端在清中期之后较集中地开凿开采。这一点也可说明，晶白端的产地就是古端州。

但上述理由，还必须要有开凿遗址以印证。

（三）遗址

多年以来，笔者在阆风岩、玉屏岩、石室岩等七星岩景区，反复勘察，除史料记载玉屏岩之"玉石湖""叮咚井"等粉白端的开采遗址，尚未发现晶白端的开采遗址，也未发现晶白端的崖壁岩洞。2004年，笔者将勘察扩展至七星岩景区外围，主要是七星岩东北面的石牌岗、狮岗、凤岗一带。这一区域虽不如七星岩景区内岩峰林立，亦为喀斯特地貌的岩石地质一致，或三二岩峰，或孤岩独现。上世纪80年代前，尚有水泥厂、石灰厂建于其中，就地取材开采岩石，以致一些岩山不仅夷为平地，还寻石下掘数丈，废弃后成为池塘深湖。为此我想到，这一区域的许多古老池塘和小湖，或许就是古人开采白端的遗址。于是笔者细心地在这一带察看和搜寻。2004年春至2005年初夏，笔者曾多次在七星岩东北面的石牌岗实地勘察，对晶白端果然有所发现。

石牌岗是土丘与岩峰共生的小山岗，南面土岗下

201．清代石牌岗北麓白端石开采遗址

为自然村落石□村，北□□东的岩峰，有直下数十米，横宽约200米□□□□□与裸露面，前面是掘地采石形成的，亦长□200多□□与小湖（附图201）。据村中老人和曾在此□采岩□梁先生介绍，这里在新中国成立前就曾开□白端，□□久也曾开采白端，原岩峰石山一直延伸□现在□□竟公路北边。从裸露的岩山石壁看，该处□然是细□白粉白端产出地，其洁白润泽完全可与著□的三□□□□井白端媲美。甚至使人想到，广州人□公□白□端石狮（昔清初靖南王府门前石狮）、华林□白端□□等大型白端石材，是否就开采于此？更令□振奋□□□在遗址及周边的碎石中，笔者发现了晶□□端的存□□□而又发现伸出湖边尚存采凿遗痕的，□□□□□□□底的晶白端巨大岩石（附图202）。该晶□端岩石□□晶结构十分典型，虽历经岁月风雨但裸露的斑□□□面□闪烁不已，十分耀目。笔者为此向曾□石□□□长的梁先生请教，梁先生说该山岩内层多□此□□□材，笔者于是更为细心地反复勘察了石牌□□的全部山岩。

石牌岗□全部山岩均集中于岗北一面。附图201左面山岩即为□先生□□石□厂时采石处，当地人称"阿婆锥"，岗中部岩峰□□"通心岩"，有泉水通往"阿婆锥"故名。□□右□□□□的西北面，虽无岩峰凸现，

202．遗址水潭边的晶白端□□石

但树木榛荒中隐隐看到不少与土岗共生的裸露岩石以及石块。村中一高龄老人指为清代采石处，亦与"阿婆锥"昔时岩山一直往北延伸至北岭山脚。且延伸之处该是岩峰较为独立，古人采石净尽致岩峰消失，并挖岗上泥土填平沿岩脉掘地采石之深坑，故成现在面貌。现石牌岗有村落的南面土岗十分丰隆圆润，然有岩峰采石的北面土岗则呈明显被挖削之势。在石牌岗整个北面，即从东北角的阿婆锥至西北角的清代采石遗址，沿线均可找到晶白端的碎石屑。故此，可以基本认定，石牌岗岩山是古代晶白端的产地或产地之一。"阿婆锥"的开采应主要是民国时期，故村民说其新中国成立前已开采。西北角的清代采石遗址，或许还可上溯至明代。所以，至此也可以认定，晶白端为端州本土所特产，与七星岩中的阿婆岩仅一箭之遥的石牌岗，实际上也属七星岩的范围，在地质构造上岩脉相通，晶白端应与粉白端一样视为七星岩所产。因此，日本北畠双耳·五鼎的白端"有两种"的说法是正确的。笔者在集藏古端砚中发现白端有两种的现象，也与遗址实况相吻合的。

（四）佐证

另外，还有一偶然发现可以佐证。2004年深秋的一场台风雨，把以白端著称的玉屏岩的东北角一块巨大岩石，因大树刮倒而石崩。崩落的巨石为洁白如雪的白端。肇庆市端砚协会秘书长王建华先生前往现场，捡取了一块如足球大的送到舍下（附图203）。笔者在这块毫无杂质白润如玉的玉屏岩白端石面上，赫然发现了如蝇翼状闪烁银光的斑晶。再仔细察看，此白端可以一分为二：一半是细腻嫩滑没有斑晶的粉质，另一半则是肉眼可以看到闪烁斑晶的较光泽的晶质，但斑晶结构比石牌岗晶白端的要细小些。这粉、晶（幼、粗）两种白端共存于一石中的现象，笔者曾于明清白端遗砚遗物中也依稀见过，至此心中逐渐明晰起来。其时笔者尚未完成对石牌岗白端采石遗址的深入

203. 玉屏岩崩落之
半粉半晶白端石

研究，故没有撰文示世。现在结合石牌岗晶白端岩石，石碎石屑及退出综合情况的研究，可以对晶白端有一个较全面的认识：

产自古端州七星岩的白岩"有两种"，可以确定无疑。以前一些藏家曾把晶白端非斥于白端之外，令其流散湮没是一种损失。晶白端的斑晶结构有粗细之分，这与晶白端遗砚遗物所显示是一致的。整个白端石也有幼粗之分，笔者所划粉、晶二种白端，即是其石质幼粗之间的互为过渡。但无论晶白端的粗与细，因其与七星岩岩山触且皆是粉白端的状况相比，晶白端的蕴藏量与开采量以及遗传量都要比粉白端少，故皆有收藏价值。其中砚台之完美者，形制特别者，年代越古者，更应该珍观。

希望白端砚石"有两种"的观点，能够得到更多的研究和探讨。希望存世下多的晶白端遗物，能够得到砚学界和收藏界更多的关注和关爱。

附：文房异宝"白端笔掭"

谢恩恩

我国古代文房用品中，有一种不起眼的，往往为现代收藏家所忽略混淆的小器物"笔掭"，它近似某些笔洗，但器腹浅平往往贮不了水。且一般制作小巧，只

204. 粉白端蕉叶笔掭与晶白端寿桃笔掭

左：11cm × 6.2cm

右：12cm × 9cm

能以毛笔蘸墨之后，在其上拖笔使笔锋顺溜，之后才能挥毫自如。故古代笔掭形制多为叶类，如枫叶、桃叶、莲叶、葡萄叶等等。

附图204的两方小笔掭，为清代端州白端砚石所制，一方为寿桃状，一方为蕉叶状，均长不过12厘米，腹深不过1厘米。制作简练精致，形制于笔掭中少见。取状寿桃寓长寿康宁之祝颂，而蕉叶为我国古代常见的杂宝吉祥物之一，且寓有唐代怀素以蕉叶代纸学书终成大家的传说，足可窥匠人素养与用心。难得的是，此两方笔掭用两种白端石所制，左边的蕉叶笔掭粉腻洁白，右边的桃形笔掭微闪银星中带淡黄，皆惹人喜爱。由于白端石产自端州七星岩，历代禁采岩石，故白端遗物不多，白端笔掭亦属难得，一般博物馆也未见藏品。

笔掭最早约见于唐宋之间，但后世未见流行，只清代遗物较多，所见也多为瓷制。形体稍大的多为后世收藏家误为笔洗，这是要认真研究鉴别的。物以稀为贵，笔掭器物虽微，但随着当今收藏热的不断升温与成熟，其历史价值与经济价值定会受到藏界的重视。

附 现代端砚投资收藏

谈谈现代端砚的收藏

端砚自唐初问世以来，虽受历朝历代盛誉热捧，但量少难采流传有限，远不若古陶瓷古钱币古玉器那么多，总不能满足古端砚收藏者的欲求。故笔者建议爱好古端砚的，不妨也留意一下现代端砚的收藏。现代端砚虽然欠缺沧桑岁月的历史价值，在艺术赏鉴方面却另具优势。由于没有墨锈包浆却更能全面领略石质的高洁、石品的绚丽多姿；也由于现代端砚不存在缺角崩损，也更能欣赏形制雕饰的完美无瑕。自二十世纪末收藏热升温以来，许多拍卖会上的现代端砚也拍出了高价。当然，对于多数工薪一族来说，不一定都追万元甚至上百万元一方的追捧，不必强求每方都是老坑、坑仔岩或麻子坑等超级藏品，而应另辟蹊径，赏玩投资那些虽小却工精，石品花纹新奇，同宗而不同色、不同形制的异趣之品等。收藏那些已经绝产和行将绝产的坑种遗砚，也是很具升值前景的。如目前端溪的古塔岩、朝天岩、绿端、北岭东宣园梅花坑等，可作砚材的石料已经基本枯竭，但民间一些砚厂和门店摊档，还偶见有存货出售，价钱也不太昂贵。择其佳者购进收藏，正当其时。

205. 端石"篆刻"砚（陈洪新作品）

27cm × 15.6cm

以异彩纷呈、姿态各异之篆刻印章入砚作为主雕布局，端砚史上并不多见。此砚篆法、章法和刀法皆臻妙境，集于砚艺之中，令人眼前一亮。

206. 创新太史砚（张庆明作品）

12cm × 6.3cm × 3.4cm

于此盈握端石小砚上，令人炫目的不仅是大师冠绝两国手优美字刻，还有削平砚面保留太史砚形墙足的创新。多年之功，当为一奇。

多色端砚鉴赏

　　端砚石色紫，这是自初唐端砚问世以来，人们对端砚石色的普遍认识。"踏天磨刀割紫云"、"踏得穷渊割紫英"、"取尔粹温莹然紫玉"等古诗句，都是诗意地将端砚比作紫云、紫英、紫玉。确实，端砚的主流石色是紫色，但绝大部分的端砚却是紫色为基调，微妙地分为紫蓝、紫赤、紫黑、紫褐、青紫、正紫等。在紫色主流之外，端砚还有以绿、白、黑为主色调的，部分还兼见别的色彩。绿端收藏者比较熟悉，清代纪晓岚对它的评价："端石之友，同宗异族，命曰绿琼，用媲紫玉。"白端和黑端，笔者在上几辑中已专文介绍，本文要说的是黄端与黄绿红并现的多色端砚。

　　黄色的端砚石，景日昣《砚坑述》中说："大小湘岩……所产绿黄石二种，可为器用，工人亦制砚砖，名曰绿端。"(笔者注：大小湘岩为端砚古砚坑之一)此记载很真实，至今肇庆端砚艺人还把黄

207. 现代绿端石双层砚山
34cm × 13cm × 22cm

端统称在绿端范围之内。同时景日昣也说得很明白，绿和黄是"二种"不同颜色的端石，应该分别称为黄端和绿端才准确。现在大小湘的绿黄端石已基本绝产。北岭山和端溪水畔的绿端也基本资源枯竭。代之而起的是80年代于斧柯山东麓采出的绿端，其中也包括黄端和多色端石。所产黄端石质细腻，色正鲜阳油润，且有大料。如附图208所示，就是大块黄端石琢制的，高23厘米、宽34厘米、厚13厘米的端砚砚山，是较难得的色纯料大的黄端产品。

斧柯山自古就是盛产端砚石的名山。斧柯山东麓黄端石，常见有米黄、秋菊黄、鸡蛋黄、和栗色黄等，以块头大、色纯鲜阳的秋菊黄和栗色黄为贵。黄端在古砚中极少见到，这与古人

208. 现代黄端石砚山
23cm × 34cm × 13cm

209. 新石料白端砚（二方组照）
左：直径16cm 厚3.9cm
右：17.2cm × 8.1cm
收藏家龙金和先生玩藏之白端辟雍砚，及其藏品五叶蝉鸣白端砚。

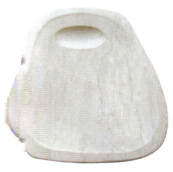

210. 新料新工白端月牙砚（左）、新料哥二白端石砚（右）
左：18.1cm × 9.3cm
右：24.3cm × 21.6cm

211. 黄绿红三色现代端石竹节砚

30.6cm × 9.8cm

当时的观点有关，清末孙森《砚辨》在说到大小湘岩绿黄石时："工人择绿者制砚名绿端。"如果说清初黄端还用来琢砚，那么清末黄端就不作砚材了。原因是景日昣和孙森都指出的"不宜墨"，即不大发墨。但是在今天，端砚的发墨功能已经逐渐消退，作为收藏投资的文玩艺术品的价值愈显重要。所以黄端在现代又被琢为各种砚式，还带动了同一砚坑产出的多色并现的端石入砚。

多色并现端石，常见的是绿黄红三色，有些还带有石皮的褐色。多以各自成片的色斑，互相过渡，互相并列而出现在石材上。端砚艺人因材施艺，多琢为佛手、瓜果、竹节等样式，并冠以寓意吉祥的名称。三色的称为"福禄寿"（附图211等），四色的称为"福禄寿喜"。诸色中以红色为难得。红色端砚石曾出现于清代初期，台湾历史博物馆就藏有一方呈胭脂红和土红色的清初红端砚（载该馆出版的《历代砚台展》）。常见的红端石可分为玫瑰红、牛血红、胭脂红等，其中又以色调鲜阳的玫瑰红为难得。而且红色端石色层薄，色斑小，较难找到整块纯红的石料。如附图212的

212. 黄泛绿大红三色巧雕现代端石笔洗

15.3cm × 13.3cm × 5.9cm

213．黄绿红三色现
代端石牡丹砚

31cm × 18.5cm

黄红双色端石□洗，利用厚2厘米的红端巧雕为口沿上的三□□鱼，已□少见。如此色彩绚丽的端砚石，目前□产于□□斧柯山东麓。笔者曾多次到实地察看，产量□□，蕴藏量也有限，是很值得收藏的一□端砚品□。

特色端□的收藏

笔者在上□中□□□收藏端砚，不必件件是老坑、坑仔或麻□等价□昂贵的高档坑种。收藏者也可以在价格便宜的普通坑种砚石中，寻找那些石品花纹罕□□端观、□石品花纹中可以剖开一分为二的各种□砚□□稀奇罕□的砚山、天然生成的异品异趣等。

如附图2□是一方□□额上天然生成一团无色透明水晶的端□。该□上□天然水晶，如一座玲珑剔透的小冰山。□□尖上的晶体被不懂艺术的砚农打磨光滑，□□□□□处一丛丛棱柱状水晶晶体仍保存完□，晶□□□光彩闪烁，与不事雕饰

214．现代端石天□水晶□山砚

12.3cm × 11.4cm

215. 现代端石天生水晶砚山
27cm × 9cm × 11.2cm

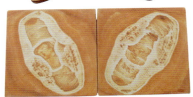

216. 现代木纹端石对砚（二组合照）
之一：25.1cm × 12.5cm
之二：18cm × 13.6cm
之一为"仙人履印"，之二为"外星双眸"。

217. 现代端石典水梅花坑大眼对砚
21cm × 17.8cm
对砚一剖为二之石品花纹，一般稍有差异，藏者求其大同存其小异可也。该对砚右眼长8.8cm，宽4.3cm；左眼长8cm，宽4cm。以硕大之石眼为对砚，实属罕见。

218. 现代端石典水梅花坑两用砚山
25cm × 17.8cm × 9.3cm
上砚侧放为雕塑摆件
此砚随形作"福寿"雕塑，巧用石皮作寿星袍衣，巧用一颗长6厘米的淡黄石眼作寿星秃顶。砚堂如云掩月，堂上石眼如朗星。正面摆放时，成一悬崖峻峭之砚山，山顶砚堂可研墨。侧面摆设时，则又纯为艺术陈设，令人恍惚又觉砚池如洞，洞内飞星，真乃洞天福地。

的砚体，浑朴构成粗犷野趣的冰山砚特有之美。此罕见石品，在端砚史上是没有记载，在古端砚实物遗传中也尚未发现的，可谓是端砚石品中的一个奇葩。它产于上世纪90年代开坑采石的斧柯东古塔岩坑，也称为古塔岩。其生成的水晶石品也各异，也随艺人因材施艺而砚品各异。比之湘西水冲石表上的铜矿结晶，更显高洁、优雅、婀娜。

石品花纹中可以一剖为二制成对砚的，自古有之，但存士板希　或于砚谱也不多见。余继明编著《中国古砚图鉴》所载清端石蕉叶白竹节对砚，和日本藤木正次编《砚の辞典》记载清端石蝶翅对砚，石品花纹一剖为二后皆对称不显著，更着重于砚形与雕饰之对称。所以现代端石中，以天然优美和清晰显著的石品花纹一剖为二的对砚，其收藏投资的前景是非常广阔的。

端石中的奇品砚山及异品异趣等，也是现代特色端砚收藏中不可忽视的领域。例如砚山，古人琢制及传世都极罕，现代琢制的也很少。如果所琢砚山表现出新的创意、新的技法，还兼有端石珍贵的石品花纹，就更具艺术价值和收藏价值了。异品异趣之物，笔者所指是端石中纯天然造化可遇不可求之物（如附图220、221）以及随天

219. 黄端石平板天然坐顶砚山
14.6cm × 18.1cm × 1.3cm

220. 端石坑仔岩天然风云蛀蚀奇石山
23.6cm × 14.3cm × 7.3cm
高档名坑之端石天然风云蛀蚀如此，极为罕见。宜于文房清供雅赏。

221. 现代端石斧柯东天然葫芦形子石大墨海
66cm × 39cm × 16cm

222. 现代端石斧柯东随
形水注（二方组照）
左为乱石崖形
17.5cm × 8cm × 12cm
右为壶形：
16.2cm × 8.7cm × 8.9cm

然之形稍施人工、共臻化境之物（如附图222、223）。凡此种种稀罕特色之砚品异品，得之为珍，藏之为宝。

大砚、小砚与"反派砚"

特色端砚的收藏，除了上文所述、还应包括特别巨型的大砚和特别细小的微型砚，以及历史上所谓乱臣贼子反派人物的遗砚。

巨型大砚，笔者指的是上世纪八九十年代端砚业出现空前繁荣以来，所琢制的长在1米以上的巨大端砚。如肇庆市博物馆端砚陈列馆展厅的第一方老坑"九龙戏宝砚"，就是工艺美术大师黎铿创作的，长1.39米、宽0.93米。置放于中山大学中文堂的一方更巨大端砚，由中国工艺美术大师张庆明创作，长2.28、宽1.68米。此外，在端州琢砚之乡，还曾有长达三四米、宽达二三米的，堪称巨无霸的端砚。这是古端砚中没有的，比较适合文博单位和文化企业等收藏。而适宜个人藏家投资入藏的大砚，笔者认为以一人之力可搬动，可玩赏又可作家居艺术品的，长约70厘米、宽约40厘米左右的大砚为宜。如附图223，为长67厘米、宽39厘米的绿端双面雕大砚。不但石色纯正如绿豆，少见的是绿端难得有石眼，其砚额上竟有一颗直径3.3厘米天然秋菊黄大石眼，与大砚之大十分匹配，且与砚边同是秋菊黄之石皮相互辉映。

端石之小品自古有于所砚，是端砚艺人保留的传统产品。上世纪中后期出现较多，选取石好品靓、精致艺巧，或砚形雕饰具特色的，可作专项收藏。

至于"反派砚"，笔者于观著砚谱中还未发现有反面人物遗砚的记载。如有民族英雄岳飞的遗砚，却不见有民族败类秦桧的遗砚；有明末卫国女将秦良玉的遗砚，习没有卖国贼吴三桂的遗砚等等。历史上乱臣贼子、奸相宦官的遗砚从未见记载，这从收藏学的角度来看，也是不科学的。反面人物的遗砚也属于文物，甚至还可以证明其在某段历史的特殊地位。在北京的首都博物馆，就收藏着两方曾是现代人物林彪与康生用过的端砚。两方都是古砚、都分别被刻上林彪和康生的砚铭。林彪的一方是白端砚，康生的一方是麻端砚。此两方"反派砚"，于1994年曾送"中国古砚博览会"展出，令当时收藏界深受启迪。时至今日，更不可忽略对此类文物的收藏。

稀缺坑种简介

（一）朝天岩

在第一辑"稀者与墨缺为贵"里，笔者列举了资源紧缺或已告枯竭的几个坑种。在此辑，再分别以短文对这些坑种进行概述。

224. 现代端石名坑袖珍小砚（三方组照）

三方均可置于掌心。左方老坑虎形小砚，中为坑仔有眼小砚，右为天尖石宋坑小砚。

225. 古今朝天岩端砚
（二方组照）
左为明末清初"福自天
来"砚：14.8cm×9.8cm
右为上世纪末期随形山
舍砚：20.6cm×11.6cm

　　自宣德岩之后，一直再没有哪个端砚坑种绝产
的记载。但端砚坑种的发展在乾嘉之后，已在数量
上从全盛走向衰落，这在砚著及方志的反映是比较
明显的。如清道光十三年的《肇庆府志》，记载了
一大批今已消失湮灭、"不取"的砚坑。何传瑶的
《宝砚堂砚辨》述："端溪之老坑止一，而杂坑不下
七十种。"然其明确记载的砚坑也只有32个。到了
清末同光时期的孙森《砚辨》，所载砚坑仅得16个。
上世纪70年代后期，刘演良先生撰《端溪名砚》，
仅存"主要的坑洞及目前正在开采的有上述十个"。
也把已绝产的宣德岩也列了进去，实际"目前正在
开采的"实际端砚坑种仅9个。上世纪90年代中后
期，笔者在端砚艺人陈金明、端砚采石工何福明、
黄财等协助下，历时两年对端州砚坑分布进行了全
面勘查。分布地域主要是羚羊峡东南端溪水一带、
七星岩北岭山一带、羚羊峡西北一带、斧柯山东麓
一带。勘查结果是，刘演良先生笔下仅存的砚坑，
又有多个于上世纪80年代末90年代中期因资源紧
缺而停产。
　　如朝天岩坑，与宣德岩、凹罗蕉，麻子坑毗邻。
该坑最早见载于清初朱彝尊、高兆的著述中。如朱彝

尊《说砚》述:"朝天岩在水岩之南,产石易与水岩混。"可以推断该坑约开采于明末清初,至二世纪三十年代末停采,前后共开坑采石约350多年。这与流传下来的朝天岩端砚时代风格特征符合,其年代上限尚未见超出非嘉靖之前者。该坑石紫中清布黑褐斑点,如苍苔状,为天然特色,较易识别。如附图225的明末清初朝天岩端砚,在藏家去除墨锈石浆的砚堂中,斑驳如苍苔状的黑褐斑纹清晰可见,这正是朝天岩端砚独有的鉴别依据。该坑于清道光版《肇庆府志》曾载停采"不取",因此,朝天岩古端石并不多见,即使是现代采石石砚也有限,应见之则藏。

(二) 古塔岩

古塔岩坑名,首见于清初高兆《端溪砚石考》中,高氏述:"古塔岩,其石可比朝天岩。"康熙朝中后期的景日眕,对端溪砚坑曾做过详细的勘查研究,其《砚

227. 古塔岩坑洞

228.古今端溪古塔岩端砚
（二方组照）

左为清代"云开月明"砚：
13.6cm×10.7cm

右为上世纪后期"熊猫翠
竹"砚：24.8cm×16.5cm

坑述》曰："古塔岩，即半边岩之新坑也。"据此可推
断古塔岩亦开坑于明末清初。其位于坑仔岩南侧不远
的险峻山崖上，石质也较优良，嫩滑润泽，石色深紫
微带红褐。景日昣《砚坑述》曾记载当时该坑砚材多
有石眼，且石眼质量上乘："古塔岩石眼圆正而色淡
绿，多层纹……眼多光彩，巧纤可爱。"上世纪70年
后期，中断于民国时期的古塔岩等诸坑复采时发现，
该坑石材已没有以前那样多那样好的石眼了，停采之
前更是很难发现有石眼的了。如附图228右边的随形
熊猫翠竹古塔岩端砚，为上世纪80年代中石材，10英
寸大的砚面砚背上均无石眼，只在右下方横斜一道翡
翠斑。这使人想到在鉴别古旧端砚时，不能偏执成说。
古塔岩砚石特征不明显，无论新旧砚台的鉴别都应小
心从事。

（三）冚罗蕉

冚罗蕉坑，与朝天岩坑处于同一山腰上，亦一
坑数洞，但洞穴不深。该坑于古人砚著及方志均未
见记载，刘演良先生的《端溪砚》也只附带列出，不
设专条。笔者与刘演良先生也都多次勘察过该坑实
地，一致认为开坑于清代中后期。该砚坑产石质地
细润坚密，仅次于老坑、坑仔岩与麻子坑。其石中

曲折蜿蜒的金玉纹，与老坑的金线纹极为相似。这种石中普遍有如蕉叶纹重叠的深紫石纹，是识别一代出现石的重要识别依据。如上图230的17英寸天然"云中奇峰"田罗蕉砚，采石于二十世纪80年代，比较典型地集中了田罗蕉坑珍贵的石品：大片如云状的冻斑，冻斑中有一团如丝如絮的冰纹，其下有金线，粗浓如洲清，细小如闪电；云状冻斑在左上角，石中子石泛着金黄色，突兀如奇峰参天而出；冻斑如云之下，蕉叶纹重叠的深紫石纹，隐约如夏日雨丝。整个石面构成了一幅"云中奇峰，群山环立"的天然景象，令人叹绝。惜开采至今仅二百多年，遗砚存世量不多，人藏旧砚也少见，所见多是当代的作品。

229. 端溪田罗蕉坑洞之一

230. 现代端石田罗蕉云中奇峰砚
43.1cm × 32.6cm

（四）北岭梅花坑

　　端砚中的梅花坑分别有两个坑，一是位于羚羊峡以东鼎湖区沙浦典水村后山的典水梅花坑，二是位于端州区七星岩后北岭山的北岭梅花坑。两坑相距约15公里，均石眼比较多，巴掌大的砚面往往有十颗八颗石眼，有的甚至更多一些。眼中一般无睛，亦无坑仔岩石眼那样艳丽多彩的层晕。乍看，像点点梅花，清幽淡雅。

　　目前停采的是北岭梅花坑。该坑开采比典水梅花坑要晚一些。典水梅花坑最早见载于朱彝尊、高兆、王士桢等清初人的砚著中，当时沙浦典水村属肇庆府辖下的三水县，故亦称三水梅花坑。北岭梅花坑则最早见载于嘉庆时李兆洛《端溪砚坑记》："七星岩……之后曰希冈，冈下为九龙坑，亦曰梅花坑……眼极多，然小而黄。"之后道光时吴兰修《端溪砚史》的"峡北诸坑图"，于北岭山九龙坑的位置亦标出梅花坑之名。同时期的《肇庆府志》在述及端砚坑时，于"北岭诸岩"条下亦载有"梅花坑"。据此可以认为北岭梅花坑开采

231. 北岭梅花坑洞之一

232. 现代端石北岭梅花坑三龙砚
24.2cm × 15cm

于清中期的乾隆之际，至上世纪90年代初不取，前后采石约200年左右。

北岭梅花坑砚石的特征，正如李兆洛所述"眼极多，小而黄"，黄是淡黄，近乎粟黄，且一般眼形滚圆，石质石色与蕉园宋坑相似（附图232）。该坑石眼与典水梅花坑石眼的青淡黄、扁圆及大小不一，形成一定的对比。只要见过这两坑石眼实物，即不难鉴别。

以上只是端砚史上较有名的、目前基本上已停产的、资源紧缺或可能已告枯竭的坑种。众多见诸古砚著及方志后来司重坑不传，坑洞无觅的端砚古坑种，其遗砚也有幸存流散于世。只要收藏爱好者有心搜求，有心研究，它们都会成为你的匣中珍宝。

端砚石坑石品的鉴赏

现代端砚一个最大的时代特征，就是它的磨墨功用已基本消退，而艺术鉴赏和收藏投资价值则越来越大。所以对现代端砚的鉴赏，人们已习惯忽略它的磨墨实用功能，而专注于它的石质石色与石品花纹，以及雕琢工艺。

端砚的石质，可以概括为四个字"高洁细润"，甚至还可以再精括为一个"润"字。从外观上看，哪怕是端砚中最普通的斧柯东新古塔岩坑所琢制的砚台，笔者认为也比其他名砚中的一般品要细润得多。更别说端砚中最璀璨的明珠水岩（老坑），"其腻若脂，其润比玉"，"冰雪为肌间紫碧"。有的古砚学家赞颂它有八德：历寒不冰、贮水不耗、研墨无泡、发墨无声、停墨浮艳、护毫加秀、起墨不滞、经久不泛。确实令人心荡神驰，爱不释手。

端砚名贵的石品花纹，主要出现于紫色基调的三大名坑上，即老坑水岩、坑仔、麻子坑。这些石品花纹常见的有石眼、鱼脑冻、青花、蕉叶白、天青、冰纹、金银线、火捺、翡翠斑等。历代砚学家对它们都有详细的描述，笔者在第一辑"石品花纹价值"中，已谈及其名贵的标准，在此不赘。端砚的石品花纹是端砚鉴赏的主要内容，古往今来的文人墨客吟咏它的诗词歌赋很多。如北宋初吴淑《砚赋》："滴蟾蜍之积润，点鸲鹆之寒星……玩微茫之金线，重点滴之青花。"清初无名氏《端石考》砚诗："青花细细似微尘，蕉叶白中时隐见。空蒙雨气成黄龙，欲散不散浮水面。猪肝淡紫方新鲜，带血千年质未变，中间火捺晕如钱，半壁阴沉望似烟。翡翠朱砂非一种，斑斑麻雀点多圆。"

鉴赏端砚，除了石质和石品花纹，还要注重雕工。即在鉴赏材质的同时，进行砚雕艺术的鉴赏。古人说"有佳石不可无良工"，良工的砚雕技艺有两方面：一是构图设计，二是雕琢刀法。以行内语言说，是因石构图，因材施艺。一方雕琢好的砚台，要看它的题材立意是否新颖独到，是

233. 现代端石典水梅花坑巨型石眼

此石眼长 15.6cm，宽 6.6cm
端砚石眼如此之巨大，笔者未见其匹也，堪称石眼之王也。

234. 现代端石斧柯东"老石铺溪"砚

21cm × 14.8cm

此砚面下方大大小小青褐棕黄的一丛石眼，参差错落，横贯左右，令人遐想起澄沏溪水中那卵石满溪的奇美景色。滚磨于斧柯山涧溪底的大小卵石，几乎都是籽料砚石。这些籽料随坑源不同而石色各异，也随其沧桑风化不同而形成浓淡老嫩不同的石眼。此砚天然彩眼，甚是可爱，且一砚之中石眼如此丰富具此多种颜色，极为罕见。

否与砚形砚式关联整合，是否与深刀、浅刀、细刻、线刻等刀法相得益彰，是否整体上令人眼前一亮，这就是砚雕的艺术价值所在。

端砚收藏新宠"斧柯东"

以出产端砚著称于世的斧柯山，位于广东省肇庆市羚羊峡东南，绵延十多公里，崇山峻岭，气派非凡。其西麓上的端砚采石古坑水岩（老坑）、坑仔岩、麻子坑等，已是世人熟悉的端砚名坑。但东麓聚集的端砚诸坑（简称"斧柯东"坑），却是世人不怎么熟悉的。该地域一直是沙浦镇辖区，故有些人习惯称这一带产出的端石为"沙浦石"，以致有一些人误以为沙浦石不是端砚石，这是错误的。

清康熙三十八年（1699），亲自指挥在老坑开坑采石的景日昣在其《砚说述》中说："山（斧柯山）之东背为桃溪村，故印章有桃花岩之名。"乾隆早年肇庆府知府吴绳年的《端溪砚志》亦如是说。而乾隆中后期肇庆知府袁树《端溪砚谱记》对斧柯山东麓的砚坑，作了比较详细的记述。清嘉道年间何传瑶，在其《宝砚堂砚辨》记述的斧柯东砚坑已增加为四个：旧苏坑、大坑头、龙尾青岩和虎尾坑。再晚些的吴兰修，曾多次到端州实地考察砚坑，其《端溪砚史》对斧柯东诸坑，与斧柯西端溪水及峡北、北岭等诸坑同等重视。这些古人的记载，是与散落肇庆民间的古端砚中的斧柯东诸坑古砚相符合的，甚至遗传实物的时代特征比上述记载还要更早一些。如附图85的北宋椭圆涵星砚，其石材就符合斧柯东诸坑石之"音响尤甚"、"石色全备"等主要特征。也如荷叶鱼藻端砚（附图164），笔者定为老苏坑石质，从它的构图、用刀、整体风格与岁月剥蚀可看出，这是一方约在明末万历年间雕琢的古砚。所以，无论是文字记载，还是遗传实物，斧柯东砚坑的开采至少已有300多年的历史，而其上溯甚至可达北宋中期。

235. 现代端石斧柯东双色双龙砚

18.1cm × 15.3cm

　　上世纪80年代中后期，端砚生产得到较大的发展，斧柯东麓陆续开发出一些新的端石砚坑。90年代中期，笔者曾多次实地勘察了斧柯山东麓北起桃溪村、南至西岸村绵延十多公里的诸砚坑。在新开发的砚坑中，最有代表性、蕴藏量相对较大、推出市场后销售量也较大的，是位于西岸村辖区的绿端坑和新古塔岩坑，两坑均为露天开采。其中绿端坑产出的绿端质量甚佳，油润细腻，色鲜嫩绿，浓淡有致（附图223）。它填补了斧柯西端溪水绿端石和北岭山绿端石因资源枯竭造成绿端绝产多年的空白，由此琢成的形制各异的绿端砚也成为收藏界的新宠。

　　斧柯东西岸村的新古塔岩坑，虽然石质整体上粗糙一些，但也不乏佳品和异品。如该坑出产的一方双色双龙砚（附图235），不但砚的右下方有娇嫩的蕉叶白石品，难得的是原石为一块多色端石。端砚艺人因材施艺，精雕细琢，在紫黑色云海上呈现出一青绿色一金黄色的双龙飞腾出没，正争抢一金黄宝珠的瑰异景观，可谓罕品。由于斧柯东新坑端石奇异的石品多，且易采大料，端砚艺人的琢砚创作可深层次发挥，故涌现了许多砚雕艺术精品。梁弘健先生制作的"秋月皎皎对诗歌"大型端砚（附图11）与"老子道德砚"，

2000年均获得了"第一届全国工艺大师精品暨工艺美术精品博览会"银奖，享誉大江南北。

斧柯东还有虎皮绿端（附图236），纯木纹端石（附图237）有青岩石（附图238）等，还有叫不出名字而"挂靠"于西麓某坑名的。这些挂靠坑名的新坑大多都在原老坑的附近，坑穴皆处斧柯东的崇山峻岭之间。经实地勘察调查，一些新坑洞在80年代之前就已开采，而一些大约明清时期的旧坑因砚材枯竭又已废弃了。新采出的砚石中，新西洞和新麻坑的石质最佳，外观十分近似西麓端溪水

236. 现代端石斧柯东虎皮绿端茶盘大砚
75cm × 47cm × ...

237. 现代端石斧柯东纯木纹对砚
28.6cm × 15.2cm

238. 现代端石斧柯东有青岩石
23.9cm × 17.2cm

239.现代端石斧柯东端溪金龙上九霄砚（梁鉴棠作品）
32cm × 18cm

砚中题字为笔者。此石属斧柯东桃溪岩坑。石中多金黄青翠等石眼与色斑。该砚俏色巧雕为直冲九霄翱游广宇之金龙，构思之奇，施艺之妙，令人眼前一亮。

的老坑和麻子坑，石色丰富浑厚，紫中带灰青宝蓝，亦有蕉叶白、石眼和冻等石品。只是石质相对粗糙一些，敲击作金属声，但仍然不失为一种较佳的端砚砚材。

另外，"斧柯东"还应该涵盖斧柯山以东约十公里，同样在沙浦镇辖区内的"典水梅花坑"。这在有清一代是个较著名的端砚品种，记载见诸清代许多砚著砚谱。如景日昣《砚坑述》："梅花坑在峡东口从典水村而入，石亦多眼。"笔者在向导陈金明、黄财的帮助下也攀登了此山，实地察看了近山巅的典水梅花坑诸坑洞。目前多个洞穴已材尽不采，只有个别洞穴还在继续采石。该坑历史上就以多眼著称，所琢端砚自有其独特的魅力，只可惜资源已经不多。近年得知已有石工在附近山岭上开采出一新坑石，呼为"大眼梅花坑"。笔者曾观其一砚（附图240），长31.5厘米、宽

240.现代端石斧柯东天然寒月三友图砚
31.5cm × 25cm

25厘米，砚面□上角□□直径为3.2厘米，黄棕相间，晕分四重，有□，□□上是较好的大石眼。其石眼的扁圆风格、石□石色□□典水梅花坑，且奇异之处为砚面的天然□□与□□□合相映，浑然而成月色朦胧下的松竹梅，□绘□□一幅"寒月三友图"。斧柯东增此新坑，令人□喜。

在目前端□石□□□减少之时，"斧柯东"诸坑端砚崭露头角，□领□□□新坑佳石迭出，受到海内外端砚收藏界的□迎，□□端州之幸，岭南之幸。

老坑大西洞"□□荷塘砚"

笔者曾说□人□□□藏的大砚，以一人之力能搬动为宜。而这□长□□□□，宽39厘米，重约15公斤的"春水荷塘"砚，□□比大砚。该砚石材采自端砚第一名坑老□（水□）□西洞，堪称端砚一族中最璀璨皎洁的众□□拱□□□□。历代砚学家对老坑大西洞极尽赞赏，吴□年在□□□溪砚志》中述："水岩凡四

端石春水荷塘□砚
50cm × 39cm □□□□

洞……必出自大西洞者佳。"清道光年间何传瑶《宝砚堂砚辨》亦如此说："端石甚颗，其最者为老坑。坑止一门，内分四洞，至佳者曰大西洞。"该砚除欠缺鸲鹆眼外，几乎汇集了全部老坑大西洞的上佳石品。特别是砚面上的冰纹与冰纹冻，如藕丝蛛迹，非烟非雾，极为罕见。其秉承的古典浪漫主义和民俗文化表现手法，琢出一束莲藕以寓意"佳偶天成"，琢出一丛莲花以寓意"本固枝荣"，于砚侧荷塘一角琢就的荷叶翩然卷起，真的如"风乍起，吹皱一池春水"。匠心独运的构思，不仅在整体上令人眼前一亮，使观赏者在得到审美愉悦的同时，也得到了祝颂婚姻美满、事业成功的振奋与快意。

典水梅花坑星辉龙潭笔洗

"满载一船星辉，在星辉斑斓里放歌。"真想把徐志摩诗中的"船"置换成"潭"字。瞧，这产自我国岭南古端州的典水梅花坑端石笔洗，凝神间分明是云里寒溪中满载星辉的一潭？那神龙翘首不正在星辉斑斓里放歌么？端砚艺人以罕见密集的天然石眼因材施艺，因石构图，天工人工，均臻化境！

242.现代端石典水梅花坑密集石眼星辉龙潭笔洗
31cm × 22cm × 8cm

附：“金包翠”端溪子石大水丞

谢恩恩

　　水丞又名水中丞，是贮存砚水的小盂，最早约见于汉代。水丞有玉、石、瓷、紫砂等用材，但以端砚石材制作的水丞则未见历代遗存。如附图243的“金包翠”端溪子石大水丞是现代端砚艺人的大胆创新之作。

　　端砚石中的子石是由岩风化崩落于溪涧流泉中的岩体碎块，经水流长期中刷磨砺而形成的边角圆滑的卵形天然石材。子石在古代砚著中多有记载，而以宋代米芾《砚史》的论述最为准确。清代吴兰修《端溪砚史》把子石列入"至美"条目之中，视为砚材之一。而在这件大水丞的设计中，端砚艺人打破了子石作砚、水丞器型小巧的传统，大胆地采用整块完整的端溪子石挖空而成径43厘米、厚12厘米的大型水丞，外部保留了子石浑然一色的天然土金色皮壳，剖开的口沿可见皮壳下为一层黄端，再内里为微带玫瑰红的豆青色绿端石质。大璞不雕，道法天然，使人顿生置身于青林幽涧之盎然野趣。

　　绿端与黄端同为端砚中的传统石材，清代砚学家景日昣《砚坑述》有较详细的论述，纪晓岚更把绿端赞为"绿琼"。经过多年开采，现在端溪水畔的绿端资源已基本枯竭，而在端溪子石中，像这样一块皮壳完

243. 现代端石黄绿红三色子石大水丞
直径 43cm、厚 12cm

美的卵圆形大型子石亦属十分难得。因此像这件同时集绿端、黄端两种石材于一体，外黄内绿形成"金包翠"的奇特形态，兼带民俗文化所称"福、禄、寿"的天然红、绿、黄三色的端溪子石大水丞也就令人眼前一亮，视为入藏之宝。

随着现代书写工具的改变，水丞与端砚一类的古代文房用具已失去其实用性，而向着观赏性、艺术性转换。此"金包翠"端溪子石水丞正是此类与时俱进的新型藏品。

附：天然水晶墨池端砚

谢恩恩

端砚石中天然生成的隐现纹理称为"石品"，石眼、青花、金银线、鱼脑冻等即为端砚石品中的佼佼者，其不仅为鉴别端石坑种提供依据，更凝集了端石的自然之美。当代，端砚的实用功能已渐为欣赏性、艺术性替代，赏玩珍罕石品成了藏家集砚的主要目标。如附图244这一方石品罕见的新古塔岩天生水晶墨池砚，其砚面中上部聚结天然水晶于一孔洞，端州琢砚

244. 现代端石天生水晶墨池砚
23cm × 16cm

艺人因石构图颇有立意，以此作为墨池，池体四周凸出的水晶被打磨平整，上下凹的组成池壁的棱柱形结晶体仍保存完美，晶莹岁月，迎光一照光芒闪烁，如风过湖面荡开点点金光，醉人心魄。墨池更配合砚面上所雕祥云图案，构成了水盈云生、福泽绵绵的吉祥意象，甚是可赏。

砚石内天生矿物晶体为自然现象，如清代乾隆时人黄钦阿《端溪砚史汇参》所述："夹砂块脱去即成白镂，后人所谓曰蛀，水蛀。"而《西清砚谱》中收录了一方砚池天生有蛀的端溪子石砚，实物现藏我国台湾故宫博物馆。但，在砚石内天然生成闪光的金属矿砂，采用这种石材制成砚面带有闪烁结晶体的砚台，以单只见于海南省的水冲砚。水冲石内含有金黄色矿物晶体，制砚艺人因材施艺巧妙布局，使水冲石砚闻名遐迩，日本《龟阜斋》砚谱亦收载其砚。而在端观，上世纪90年代开坑采石的斧柯东新古塔岩坑，近年发现如此含有矿物晶体的石材，一些是近似水中的金黄色水晶，另一些是光闪闪、晶莹皎洁的天青白水晶，以此石材制成的端砚统称之为"水晶石砚"。

品相美丽的端砚水晶石品难得，一般都为不规则的形状，且晶体孔洞较小，如附图这种由整丛水晶自然生成较为规则而优美的椭圆形状，并晶体孔大可巧作墨池而琢成的水晶石砚更为罕见。在传统的端州斧柯山西麓砚石资源减少的今天，寻找此类产自斧柯东新坑的珍罕石品必将渐成为入藏新宠。

附：珍罕奇石作镇纸

谢恩恩

端石不仅被制成笔舔、水丞、茶盘等艺术品，还作为一种新型的观赏石而进入奇石收藏之列，近几年上海市就出现了端石山水盆景。据相关文献和实

245．现代端石老坑密集型冰
纹与鱼脑冻奇石（二方组照）

左：长 21cm　高 16cm

右：长 28cm　高 19cm

物，端石单独作为观赏奇石未见古代遗存，附图245的几座端砚奇石是砚工利用端石天然石纹，随形稍作修整而成的现代巧作，它们均采自端砚中最名贵的老坑岩。老坑石材价同和田一级白玉，其中石质石品上乘的石材更是高价，而这几方端砚奇石不仅分别集中了冰纹、鱼脑冻、金银线等老坑岩珍罕石品，更于质、形、纹、色泽之中生出一种深沉蕴藉的灵气灵魂，犹如灯之有光，火之有焰，美人之有如诗意态，甚为难得，令人感叹其钟神造化。

如附图245右方之石通体圆润，石表满布水波状细腻冰纹，绵密处的金银线集结着莹洁的白玉斑，若彼岸之禅光水影的圆融之境由内而生，天趣陶然，可谓禅石。而左方之石为文气石。深紫石色中隐约几道金银线，其中浮现点点或聚或散的鱼脑冻，如浮藻如飞絮，充满古时文人雅士般清静恬淡的气度。附图246为两方端石组成，密集的金银线笼罩着整个石表，一方似飞瀑激流，一方似盘根纠结，华丽雍容，隐隐有王者之气。

"翠竹并奇石，苍松留古柯。明窗坐相对，试问兴如何？"端砚石之奇石，不仅可作文房雅赏清供，还可作镇纸使用，十分潇洒古旷而富有野趣。但要在端砚石中觅得一方珍罕奇石却并非易事。端石开采于岩层之内，其形状只靠石工随手凿得，即使是石质好的上等石材亦大部分只有石纹而不备石形，或石形尚可而石纹欠佳，因此兼具质、形、纹、色泽而可作观赏奇石的端石是非常难有的，稍作修整后别具灵性的端砚奇石更是弥足珍贵。

246.现代端石老坑密集金银线奇石（二方组照）
左：9.5cm × 6cm × 10.5cm
右：11.7cm × 4cm × 7cm